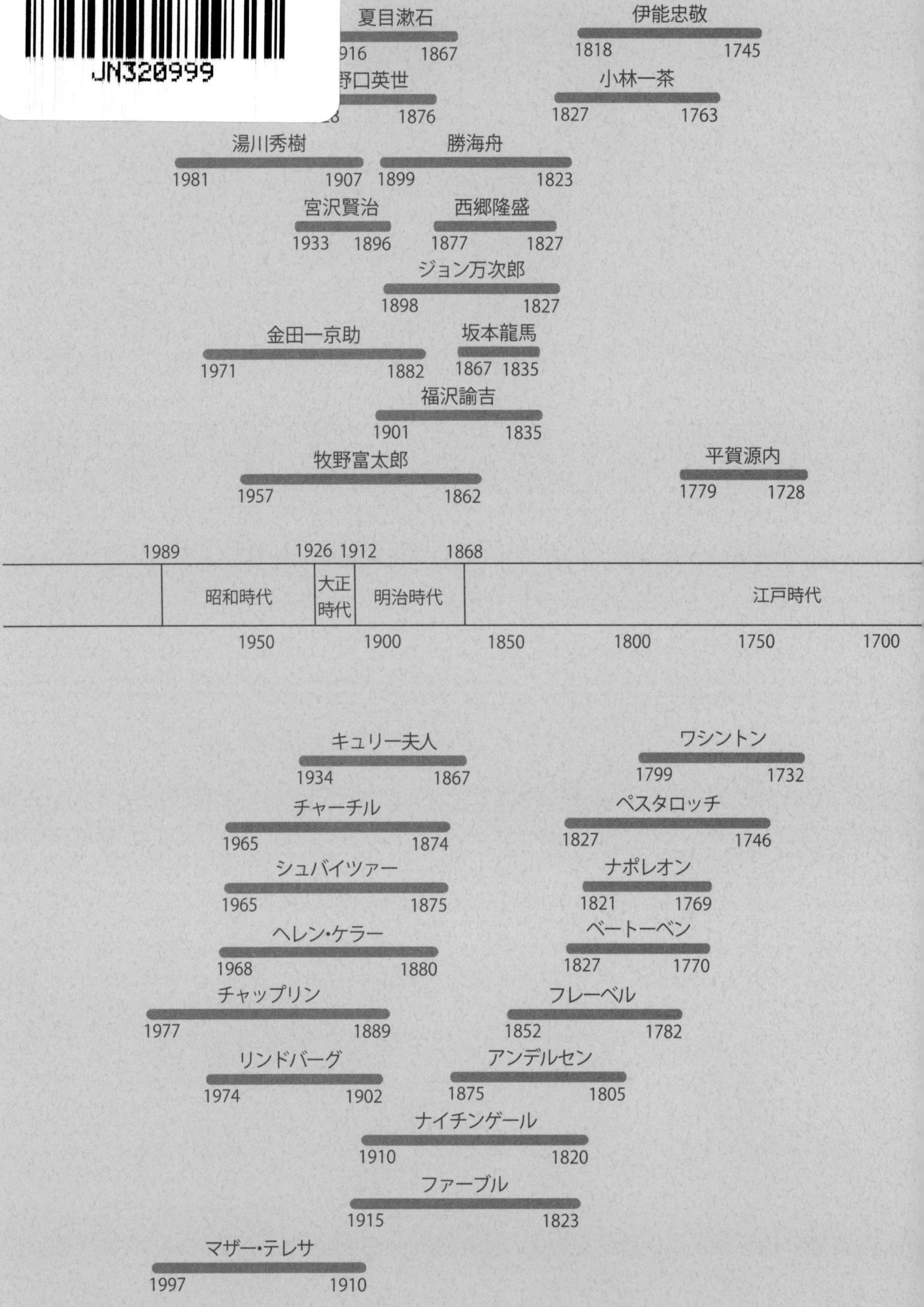

夏目漱石 1867
伊能忠敬 1818 1745
野口英世 1876
小林一茶 1827 1763
湯川秀樹 1981 1907
勝海舟 1899 1823
宮沢賢治 1933 1896
西郷隆盛 1877 1827
ジョン万次郎 1898 1827
金田一京助 1971 1882
坂本龍馬 1867 1835
福沢諭吉 1901 1835
牧野富太郎 1957 1862
平賀源内 1779 1728
1989 1926 1912 1868
昭和時代
大正時代
明治時代
江戸時代
1950 1900 1850 1800 1750 1700
キュリー夫人 1934 1867
ワシントン 1799 1732
チャーチル 1965 1874
ペスタロッチ 1827 1746
シュバイツァー 1965 1875
ナポレオン 1821 1769
ヘレン・ケラー 1968 1880
ベートーベン 1827 1770
チャップリン 1977 1889
フレーベル 1852 1782
リンドバーグ 1974 1902
アンデルセン 1875 1805
ナイチンゲール 1910 1820
ファーブル 1915 1823
マザー・テレサ 1997 1910

偉人たちの少年少女時代 1

政治・教育にもえた偉人

漆原智良 作

ゆまに書房

偉人たちの少年少女時代 1

政治・教育にもえた偉人

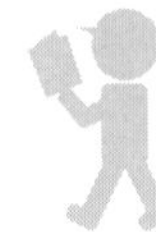

目次

装幀◆高嶋良枝
イラスト◆進藤かおる

●農民《のうみん》の子《こ》から天下《てんか》をとった

豊臣秀吉《とよとみひでよし》

お城《しろ》をつくるぞ

「草《くさ》かげに、かくれろ！」

まだ、七歳《さい》になったばかりの小《こ》ザルが、仲間《なかま》にむかってさけびました。手《て》を上《あ》げて合図《あいず》をおくると背《せ》を丸《まる》め、声《こえ》を出《だ》すな、というように人《ひと》さしゆびを口《くち》もとにあてました。

竹《たけ》やりや、太《ふと》いぼうを手《て》にした仲間《なかま》たちは、草《くさ》むらにじっとからだをふせました。

きょうも、ケンカをしかけに、となり村《むら》のガキ大将《だいしょう》が二〇人《にん》ほどの仲間《なかま》をつれて、小《こ》ザルの村《むら》に攻《せ》めてきたのです。

「きょうは、すがたをあらわさないなあ」

敵《てき》のガキ大将《だいしょう》の声《こえ》が聞《き》こえてきました。

小《こ》ザルの仲間《なかま》は、土手《どて》の草《くさ》かげから、上目《うわめ》づかいで、じっと相手《あいて》を見《み》つめていました。

こちらは、わずか七人《にん》。まともにケンカをしては、勝《か》てるわけがありません。そこで、小《こ》ザルは相手《あいて》を見《み》すごしたあと、うしろから攻《せ》めていこう、という作戦《さくせん》をたてていたのです。

「トノ、そろそろ、追《お》いかけましょうか？」

小《こ》ザルを、「トノ（お殿《との》さまの意味《いみ》）」とよんだのは、九歳《さい》になる三吉《さんきち》でした。頭《あたま》がきれ、ケンカのうまい小《こ》ザルは、仲間《なかま》たちから「トノ」とよばれ、たよられていたのです。

「よし、攻《せ》めろ！」

「はい、かしこまった」

七人《にん》は、「ワーッ」とかけ声《ごえ》をあげると、草《くさ》むらからとび出《だ》して、竹《たけ》やりや太《ふと》いぼうをふりまわしながら相手《あいて》を追《お》いかけました。

ふいをつかれて、相手方《あいてがた》はびっくり。

土手《どて》の草《くさ》むらには、ケンカの武器《ぶき》になる、石《いし》ひとつ落《お》ちていません。相手《あいて》は逃《に》げだしました。しかし、逃《に》げれば逃《に》げるほど、自分《じぶん》の村《むら》とははんたい方向《ほうこう》の、小《こ》ザルたちの村《むら》へと、追《お》いこまれていくだけでした。

「たすけてくれ！」

子《こ》どもたちの泣《な》きさけぶ声《こえ》に、村人《むらびと》たちがとび出《だ》してきました。そして、小《こ》ザルたちをなだめ、なんとか、さわぎはおさまりました。

きょうのケンカは、頭《あたま》のよい小《こ》ザルの考《かんが》えだした、土手《どて》の下《した》にかくれて、はさみうちをする作戦《さくせん》だったのです。

この小《こ》ザルこそ、のちに天下《てんか》をとった豊臣秀吉《とよとみひでよし》の、子《こ》ども時代《じだい》なのです。

秀吉《ひでよし》は、一五三六（天文《てんぶん》五）年《ねん》、尾張国《おわりのくに》（いまの愛知県《あいちけん》）の中村《なかむら》というところで、農家《のうか》の長男《ちょうなん》として生《う》まれました。なまえは日吉丸《ひよしまる》とつけられました。

けれど、あまりにも、顔《かお》がサルにそっくりだったことから、両親《りょうしん》から「小《こ》ザル、小《こ》ザル」とよばれて、かわいがられていました。

父《ちち》の弥右衛門《やえもん》は、若《わか》いころ、尾張《おわり》をおさめていた織田信秀《おだのぶひで》につかえる足軽《あしがる》でした。ところが、戦場《せんじょう》で足《あし》にけがをしたことから、家《いえ》にもどされ、ほそぼそと農作業《のうさぎょう》に汗《あせ》を流《なが》していたのです。

「父《とう》ちゃんのぶんは、おいらがたたかって、いつか、大《おお》きいお城《しろ》を建《た》ててやるからなあ」

「なあに、ゆめみてえなことといっているんだ。びんぼう百《びゃく》しょうじゃ、武士《ぶし》になることさえ、むずかしいわい」

父《ちち》は、口《くち》ではそういいながらも、わが子《こ》が村《むら》のガキ大将《だいしょう》になり、先頭《せんとう》に立《た》ってさわいでいるすがたを見《み》ては、内心《ないしん》では、たのもしく思《おも》っていたのでした。

「弥右衛門《やえもん》さんちの子《こ》は、かしこいからのう」

近所《きんじょ》の人《ひと》に、ほめられるたびに、父《ちち》はまんぞくそうに、目《め》をほそめていたのです。

ところが、小《こ》ザルが七歳《さい》になったとき、父《ちち》は病気《びょうき》で亡《な》くなってしまいました。

母《はは》のなかは、まだ若《わか》かったこともあって、すぐに再婚話《さいこんばなし》がもちあがりました。そこで、子《こ》どもをつれて、嫁《とつ》ぐことになりました。

母《はは》は、わが子《こ》の手《て》をにぎっていいました。

「あなたは、頭《あたま》のよい子《こ》じゃ。でも、生《い》きていくには、落《お》ち着《つ》きもだいじなんじゃ。お寺《てら》に入《はい》って少《すこ》し修行《しゅぎょう》してくるとよい……でも、つらくなったら、いつでも、わたしのもとに、もどっておいで……」

武士《ぶし》になりたい

日吉丸《ひよしまる》は、お寺《てら》に修行《しゅぎょう》に出《だ》されてからも、あいかわらず「小《こ》ザル」とよばれていました。

じっとしていることが苦手《にがて》で、からだを動《うご》かすことがすきな小《こ》ザルは、いつも、庭《にわ》そうじ、ろうかふき、ふろたき……と、こまめに働《はたら》きました。

「小《こ》ザル、すまんが、肩《かた》をもんでくれ……」

「ハーイ、おしょうさま」

おしょうさんのいうことも、すなおに聞《き》くので、仲間《なかま》からもかわいがられていました。

三年《ねん》の月日《つきひ》がながれました。ところが、明《あ》けてもくれても、お経《きょう》を読《よ》むことと、おなじ仕《し》事《ごと》のくりかえし。

「おいら、いつまでも、こんなことをしてはいられない……」

お寺《てら》の前《まえ》を、野武士《のぶし》があわただしく走《はし》っていくすがたをながめては、時代《じだい》の波《なみ》に乗《の》りおくれるのではないかと、心《こころ》がゆれ動《うご》きはじめたのです。

「どうしたら、お寺《てら》からにげだせるだろうか」

小《こ》ザルは考《かんが》えました。

そこで、おしょうさんや、仲間《なかま》のお坊《ぼう》さんたちに、わざと、さからうことにしました。

「お経《きょう》なんか、読《よ》んでいられるものか」

そのうちに、心《こころ》にもないことをいっては、おしょうさんを困《こま》らせはじめました。

(早《はや》くおいらを、追《お》い出《だ》してくれないかなあ)

こんどは、木刀《ぼくとう》で、つぎつぎと仏《ほとけ》さまをこわしはじめたのです。

「うちのお寺《てら》では、おまえなどつかえない!」

ついに、おしょうさんも、おこってしまいました。

小《こ》ザルは、母《はは》のもとに帰《かえ》りました。

それからも、何軒《なんげん》かのお店《みせ》に奉公《ほうこう》に出《で》ましたが、「武士《ぶし》になりたい。たたかいたい」という思《おも》いはきえませんでした。ですから、どこへ奉公《ほうこう》に行《い》っても、つとまりませんでした。

そのたびに、母《はは》のもとにもどってきました。

小《こ》ザルが帰《かえ》ってきても、義理《ぎり》の父《ちち》は、だまっていました。

ですが、やはり、どこか父《ちち》とは、しっくりといきません。それに、妹《いもうと》も生《う》まれていたので、小《こ》ザルは家《いえ》にいづらくなりました。

心配《しんぱい》した母《はは》は、ある夜《よ》わが子《こ》を、そっとよびよせました。

「あなたは、頭《あたま》のよい子《こ》じゃ。どうかひとりで生《い》きておくれ……ここに、お父《とう》が残《のこ》してくれたものがある。これをだいじに持《も》って……」

小《こ》ザルの前《まえ》にさし出《だ》されたのは、死《し》んだ父《ちち》のかたみの脇差《わきざし》（刀《かたな》）と、お金一貫文《かねいっかんもん》でした。

「でも、なにかあったときには、母《はは》を思《おも》い出《だ》して、いつでも帰《かえ》っておいで……」

母《はは》の目《め》には、なみだがたまっていました。

小《こ》ザルは、一五歳《さい》になっていました。

「もう、サルなんてよばせないぞ。日吉丸《ひよしまる》として、しっかり生《い》きていこう」

脇差《わきざし》をさし、お金《かね》をふところに入《い》れて、胸《むね》をはって旅《たび》に出《で》ました。

（さて、このお金《かね》を、ただ持《も》っていただけではおもしろくない。なにかでもうけて、長《なが》い刀《かたな》でも、買《か》いたいものだ）

そのころ、農民《のうみん》の子《こ》が、刀《かたな》を持《も》つことなど、ゆるされてはいませんでした。しかし、日吉《ひよし》丸《まる》には、「自分《じぶん》は武士《ぶし》の子《こ》だ」という、自尊心《じそんしん》があったのです。

頭《あたま》のよい日吉丸《ひよしまる》は、そのころ人《ひと》びとが、木綿《もめん》をぬう針《はり》をほしがっていることを、見《み》ぬいていました。そこで母《はは》がわたしてくれたふところのお金《かね》で針《はり》を買《か》い、それを売《う》り歩《ある》きました。

針《はり》はとぶように売《う》れました。

夜《よる》は、家《いえ》の軒下《のきした》や、橋《はし》のたもとでねていました。

ある夜《よ》のこと。ゴザをかぶり、ねているときに、何者《なにもの》かに足《あし》をふまれました。日吉丸《ひよしまる》は、

「ぶれい者《もの》、何者《なにもの》じゃ！」

と、相手《あいて》をにらみつけました。

「なんじゃ、若《わか》ぞうか。ぶれいをゆるせ。わしは、あやしい者《もの》ではない。蜂須賀《はちすか》小六《ころく》という者《もの》じゃ」

この日《ひ》から、日吉丸《ひよしまる》は小六《ころく》の家来《けらい》になりました。

信長《のぶなが》にみとめられて

日本《にほん》の各地《かくち》では、いくさがはじまっていました。

日吉丸《ひよしまる》は、蜂須賀小六《はちすかころく》に助《たす》けられ、それからまた、野武士《のぶし》の家来《けらい》となって働《はたら》きました。

「世《よ》の中《なか》が、あわただしく動《うご》いている。いまこそ織田《おだ》さまにつかえるときだ」

一八歳《さい》になった日吉丸《ひよしまる》は、ふたたびふるさとの尾張《おわり》にもどることにしました。ですが、家《いえ》に立《た》ち寄《よ》らずに、そのまま知《し》り合《あ》いの武士《ぶし》にたのみこんで、織田信長《おだのぶなが》のお屋敷《やしき》で働《はたら》かせてもらうことになりました。

「これで、武士《ぶし》として、いくさに出《で》られるぞ……」

と、胸《むね》をおどらせていました。

織田家《おだけ》の屋敷《やしき》に上《あ》がると、「藤吉郎《とうきちろう》」というなまえで、もらいました。

最初《さいしょ》の仕事《しごと》は、にもつのかたづけや整理《せいり》をする納戸役《なんどやく》。それに、小人役《しょうにんやく》もいいつかりました。それは、「殿さまである、信長《のぶなが》のぞうりもち」という仕事《しごと》でした。

「信長《のぶなが》さまのお顔《かお》を、おがめるだけでもありがたい。しっかりつかえるぞ！」

藤吉郎《とうきちろう》は、自分《じぶん》にちかいました。

信長《のぶなが》は二〇歳《さい》。年《とし》の差《さ》はわずかです。それでも、殿さまと、ぞうりもちのあいだです。もしも、失礼《しつれい》なことをすれば、すぐにお屋敷《やしき》から、追《お》い出《だ》されてしまいます。

「信長《のぶなが》さまは短気《たんき》だから、すこしでもおくれると、おいかりになられる。気《き》をつけろよ」

と、小人頭《しょうにんがしら》から耳《みみ》うちされていたのです。

藤吉郎《とうきちろう》は、たえず信長《のぶなが》のいる場所《ばしょ》に、目《め》くばりをしながら、神経《しんけい》をそそいでいました。

信長《のぶなが》があらわれると、さっと、ぞうりをそろえ、れいぎ正《ただ》しく、ていねいに頭《あたま》をさげるのでした。

「こんど、やってきた藤吉郎《とうきちろう》とやら。どこの何者《なにもの》じゃ？　気《き》の利《き》くやつじゃのう」

ある日《ひ》、信長《のぶなが》が、小人頭《しょうにんがしら》にたずねました。

藤吉郎《とうきちろう》のおこないが、ついに、信長《のぶなが》の目《め》にとまったのです。

「あの者《もの》は、おなじ尾張国《おわりのくに》の、百《ひゃく》しょうのせがれでございます」

小人頭《しょうにんがしら》が、あざ笑《わら》うような口調《くちょう》で、せつめいしました。

冬《ふゆ》、まだ日《ひ》ものぼらない、霜《しも》のおりたさむい朝《あさ》のことです。

信長《のぶなが》は（こんなに早《はや》ければ、藤吉郎《とうきちろう》も、起《お》きてはこないだろう）と、いじわるするかのようにわざと、うら庭《にわ》にまわりました。

すると、どうでしょう。もうそこには、藤吉郎《とうきちろう》が、頭《あたま》をさげて待《ま》っていたのです。

さすがに、信長《のぶなが》もおどろきました。

ですが、足《あし》もとに、ぞうりがありません。

信長《のぶなが》はどなりました。

「ぞうりが、ないではないかっ！」

すると藤吉郎《とうきちろう》は、ふところから、信長《のぶなが》のぞうりをとり出《だ》しました。

信長《のぶなが》は、目《め》を丸《まる》くしました。ぞうりのぬくもりが、足《あし》のうらから、からだ全体《ぜんたい》につたわっていったのです。

「そちの、機転《きてん》が利《き》くのには、まいった。その心《こころ》はいつか、かならず、みのるぞ」

信長《のぶなが》は、藤吉郎《とうきちろう》の顔《かお》をしげしげと見《み》つめてほほえみました。

その日《ひ》のうちに、藤吉郎《とうきちろう》は小人頭《しょうにんがしら》という役《やく》をもらうことになったのでした。

下働《したばたら》きの頭《かしら》から、やがて足軽《あしがる》になり、さらに足軽頭《あしがるがしら》へと、すすんでいきました。

やがて、信長《のぶなが》とともに、いくさに出《で》るようになった藤吉郎《とうきちろう》は、かずかずの手《て》がらをあげました。なかでも、桶狭間《おけはざま》のたたかいで手《て》がらをあげ、「木下《きのした》」という姓《せい》まで、もらうことができたのです。

その後《ご》、信長《のぶなが》の一番《ばん》の家来《けらい》となりました。

「いくさは、力《ちから》でねじふせるものではない。知恵《ちえ》をつかって、たたかうものだ」

農民《のうみん》の子《こ》どもで、「小《こ》ザル」とよばれていた藤吉郎《とうきちろう》は、ついに天下人《てんかびと》へとのぼりつめ、全《ぜん》国《こく》を統一《とういつ》し、関白《かんぱく》から太政大臣《だじょうだいじん》になり、大坂城《おおさかじょう》を築《きず》きあげたのでした。

『豊臣秀吉』って何をした人？

（1536 ～ 1598）安土・桃山時代の武将

尾張国《おわりのくに》（いまの愛知県《あいちけん》）の農民《のうみん》の子《こ》として生《う》まれました。幼《おさな》いころの名《な》を日吉丸《ひよしまる》といいました。織田信長《おだのぶなが》につかえて、木下藤吉郎《きのしたとうきちろう》と名《な》のり、機知《きち》に富《と》んだ高《たか》い才能《さいのう》をみとめられ、またたくまに出世《しゅっせ》しました。信長《のぶなが》について各地《かくち》の戦国大名《せんごくだいみょう》を次《つぎ》つぎと従《したが》わせていきました。その後《ご》、主君信長《しゅくんのぶなが》が家臣《かしん》の明智光秀《あけちみつひで》に殺《ころ》されると、すぐにかたきを討《う》ち、徳川家康《とくがわいえやす》と手《て》を組《く》み、全国《ぜんこく》を統一《とういつ》することを考《かんが》えました。また、大坂城《おおさかじょう》も築《きず》きました。朝廷《ちょうてい》に近《ちか》づき、関白《かんぱく》、さらには太政大臣《だじょうだいじん》に任命《にんめい》され、豊臣《とよとみ》の姓《せい》をもらいました。全国《ぜんこく》の土地《とち》の面積《めんせき》や等級《とうきゅう》を調《しら》べたり、刀《かたな》狩《がり》などをおこない、五四歳《さい》で全国統一《ぜんこくとういつ》を完成《かんせい》させました。その後《ご》、二度《ど》にわたり朝鮮出兵《ちょうせんしゅっぺい》をおこないましたが失敗《しっぱい》に終《お》わりました。秀吉《ひでよし》の死後《しご》、豊臣家《とよとみけ》は家康《いえやす》にほろぼされました。

お母さんやお父さんへ

読み聞かせのための予備知識

西暦	年齢（※年齢は満年齢で計算）	
一五三六	0	尾張国愛智郡（いまの愛知県名古屋市）に織田信秀の足軽だった弥右衛門の子として生まれる。幼名は日吉丸。
一五四三	7	父が亡くなる。
一五五一	15	家を出て、今川家の家臣に仕える。
一五五四	18	尾張国に帰り、織田信長に仕える。
一五六一	25	織田家家臣の養女ねねと結婚する。木下藤吉郎秀吉と名のる。
一五六六	30	墨俣に短期間で城を築き、信長の美濃侵攻を助ける（墨俣の一夜城）。
一五七三	37	浅井・朝倉氏との戦いで活躍し、小谷城主となる。このころから羽柴姓を名のる。
一五八二	46	〔本能寺の変〕織田信長が明智光秀に討たれる〕〔山崎の戦〕明智光秀を討つ。信長の後継者としての地位を固める。このころ全国の

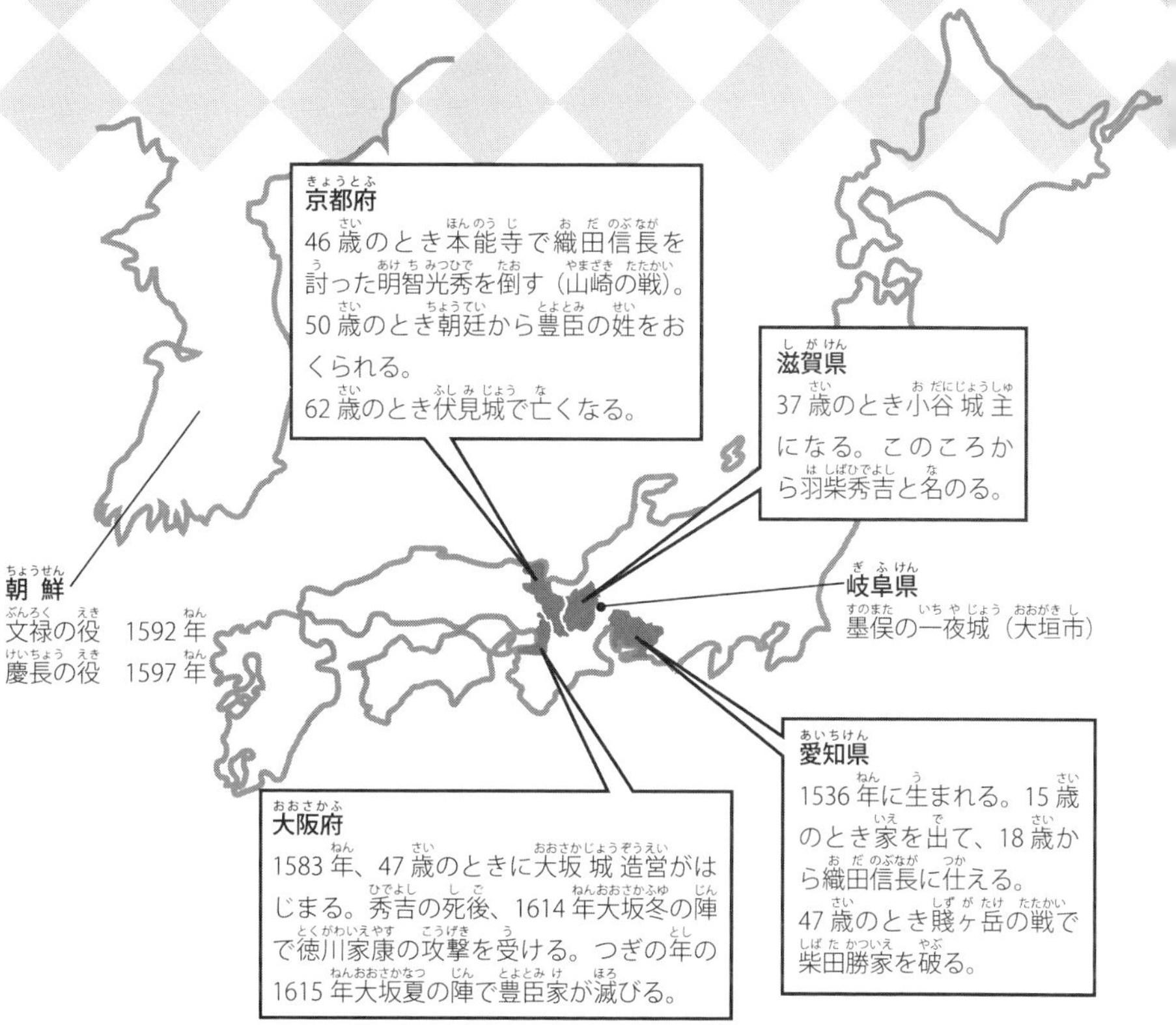

京都府《きょうとふ》
46歳《さい》のとき本能寺《ほんのうじ》で織田信長《おだのぶなが》を討《う》った明智光秀《あけちみつひで》を倒《たお》す（山崎《やまざき》の戦《たたかい》）。
50歳《さい》のとき朝廷《ちょうてい》から豊臣《とよとみ》の姓《せい》をおくられる。
62歳《さい》のとき伏見城《ふしみじょう》で亡《な》くなる。
滋賀県《しがけん》
37歳《さい》のとき小谷城主《おだにじょうしゅ》になる。このころから羽柴秀吉《はしばひでよし》と名《な》のる。
岐阜県《ぎふけん》
墨俣《すのまた》の一夜城《いちやじょう》（大垣市《おおがきし》）
朝鮮《ちょうせん》
文禄《ぶんろく》の役《えき》　1592年《ねん》
慶長《けいちょう》の役《えき》　1597年《ねん》
愛知県《あいちけん》
1536年《ねん》に生《う》まれる。15歳《さい》のとき家《いえ》を出《で》て、18歳《さい》から織田信長《おだのぶなが》に仕《つか》える。
47歳《さい》のとき賤ヶ岳《しずがたけ》の戦《たたかい》で柴田勝家《しばたかついえ》を破《やぶ》る。
大阪府《おおさかふ》
1583年《ねん》、47歳《さい》のときに大坂城《おおさかじょう》造営《ぞうえい》がはじまる。秀吉《ひでよし》の死後《しご》、1614年大坂冬《ねんおおさかふゆ》の陣《じん》で徳川家康《とくがわいえやす》の攻撃《こうげき》を受《う》ける。つぎの年《とし》の1615年大坂夏《ねんおおさかなつ》の陣《じん》で豊臣家《とよとみけ》が滅《ほろ》びる。

		田畑を一定の基準で計る検地をはじめる（太閤検地）。
一五八三	47	〔賤ヶ岳の戦〕柴田勝家を破る。大坂城を造営する。
一五八四	48	〔小牧・長久手の戦〕徳川家康と織田信雄に敗れる。
一五八五	49	朝廷から関白に任じられ、つぎの年に太政大臣となり豊臣姓となる。
一五八七	51	九州を平定。キリシタン禁令を出す。
一五八八	52	刀狩・海賊禁止令を出す。
一五九〇	54	天下統一を実現する。
一五九二	56	朝鮮出兵（文禄の役）。
一五九三	57	息子の秀頼が生まれる。
一五九七	61	二度目の朝鮮出兵（慶長の役）。
一五九八	62	伏見城で亡くなる。

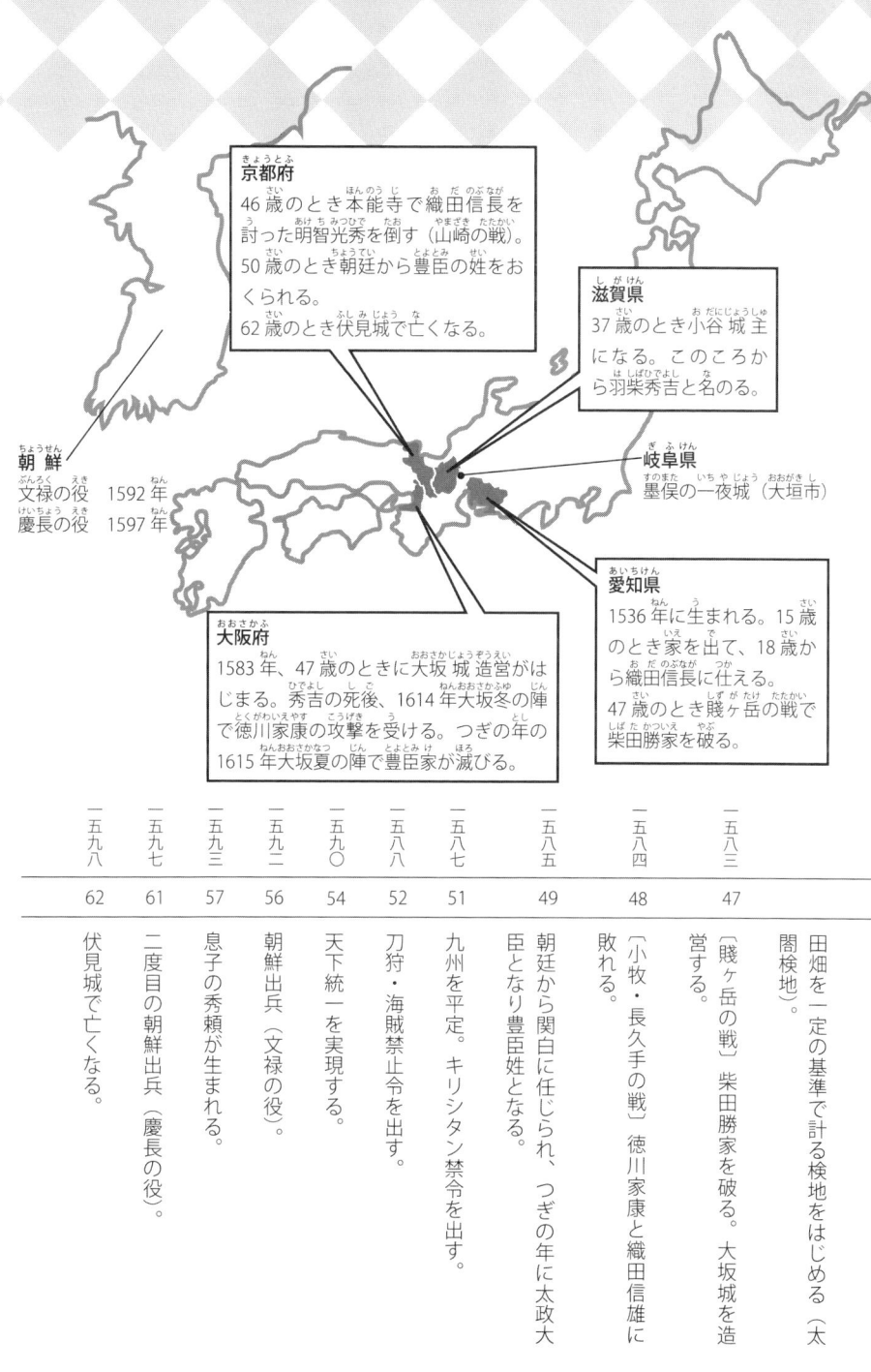

●戦乱《せんらん》の世《よ》をあゆんだ大名《だいみょう》

織《お》田《だ》信《のぶ》長《なが》

やんちゃな若《わか》さま

「どなたか、若《わか》さまを、お見《み》かけにならなかったか？　また、どこかに雲《くも》がくれじゃ」

若《わか》さまが、いなくなったと、お城《しろ》の中《なか》はテンヤワンヤの大《おお》さわぎです。

「さきほどまで、奥《おく》のお部屋《へや》でお遊《あそ》びになっていたのですが。わずかばかり目《め》をはなしたすきに……」

若《わか》さまにおつきの人《ひと》たちは、あわてふためき、あちらこちらといくつもの部屋《へや》をのぞいたり、庭《にわ》に出《で》て縁《えん》の下《した》をのぞいたりして、若《わか》さまをさがしはじめました。

若《わか》さまは、まだ五歳《さい》。お城《しろ》の堀《ほり》にでも落《お》ちてしまったら大変《たいへん》と、必死《ひっし》にさがしつづけます。

すると、

「お〜い。ここじゃ、ここじゃ」

とつぜん、松《まつ》の枝《えだ》が左右《さゆう》にゆれました。枝《えだ》のあいだからは、ちいさな足《あし》がブラブラとゆれています。

おつきの人《ひと》たちがあつまってきました。

「まあ、若《わか》さま、あぶのうございます。はやくおおりになって……」

若《わか》さまは、また枝《えだ》をゆすりはじめました。

「馬《うま》よりも高《たか》いぞ。ここにいると、遠《とお》くが見《み》わたせる。まるで、天下《てんか》をとったようじゃ」

若《わか》さまは大声《おおごえ》をあげました。

そのころ、世《よ》の中《なか》は戦乱《せんらん》にあけくれていました。まだ五歳《さい》の子《こ》どもが「天下《てんか》をとった」とさけぶほど、毎日《まいにち》いくさがつづいていたのです。

この、やんちゃな若《わか》さまこそ、のちに天下統一《てんかとういつ》への道《みち》をきりひらいた、織田信長《おだのぶなが》だったのです。

織田信長《おだのぶなが》は、一五三四年《ねん》、尾張国《おわりのくに》（いまの愛知県《あいちけん》）にある、那古野城《なごやじょう》で、城主織田信秀《じょうしゅおだのぶひで》の息子《むすこ》として生《う》まれました。

子《こ》どものころは、吉法師《きっぽうし》とよばれていました。

父《ちち》の信秀《のぶひで》は、自分《じぶん》にうりふたつで、気性《きしょう》のはげしい吉法師《きっぽうし》を、子《こ》どもたちのなかでも一番《いちばん》かわいがり、「織田家《おだけ》のあとつぎにしよう」と考《かんが》えていました。

「いまは、強《つよ》い者《もの》だけが、勝《か》ちのこっていく世《よ》の中《なか》だ。負《ま》けたら、すべてがおわりだ」

「強《つよ》くなるには、ころんだり、たたかれたりしても、泣《な》いてはいかん……それに、学問《がくもん》もしっかりやらねばいかん」

信秀《のぶひで》は、吉法師《きっぽうし》にはたくましく育《そだ》ってほしいと願《ねが》い、きびしくしつけていました。

そこで、おつきの人《ひと》たちにも、「吉法師《きっぽうし》が、すこしくらいさわいでも、あばれても、しからないでほしい」と、命令《めいれい》を出《だ》していたのです。

それをよいことに、吉法師《きっぽうし》は、おつきの人《ひと》の目《め》をぬすんでは、天井《てんじょう》にかくれたり、木《き》によじのぼったり、池《いけ》でコイをつかまえたり……と、自由気《じゆうき》ままにふるまっていました。

吉法師《きっぽうし》は、織田《おだ》家の家来《けらい》の子《こ》どもたちをあつめては、すもうをとったり、石合戦《いしがっせん》をしたり、お城《しろ》のやねによじのぼったりもしました。

おつきの人《ひと》たちは、

「若《わか》さまが、もしも、おけがでもされるようなことがあっては、たいへんだ……」

と、毎日《まいにち》がハラハラのれんぞくでした。

そのあいだにも、信秀《のぶひで》は、さらに勢力《せいりょく》をのばし、古渡城《ふるわたりじょう》を築《きず》きあげました。

吉法師《きっぽうし》が五歳《さい》になりました。

信秀《のぶひで》は、吉法師《きっぽうし》をよびよせました。

「わしは、古渡城《ふるわたりじょう》を守《まも》るから、おまえは、那古野城《なごやじょう》を守《まも》ってくれ」

父《ちち》は、まだ五歳《さい》の吉法師《きっぽうし》を、那古野城《なごやじょう》のあるじ（城主《じょうしゅ》）にするというのです。

吉法師《きっぽうし》はりりしい顔《かお》でうなずくと、きっぱりといいました。

「父上《ちちうえ》、ありがたく、お受《う》けいたします」

いっしゅん、信秀《のぶひで》の顔《かお》がほころびました。

信秀《のぶひで》は、吉法師《きっぽうし》が、城主《じょうしゅ》になっても困《こま》ることがないようにと、頭《あたま》がきれ、機転《きてん》のきく、すぐれた家臣《かしん》をたくさんつけてくれました。

なかでも、信秀《のぶひで》がもっとも信頼《しんらい》している家臣《かしん》、平手政秀《ひらてまさひで》を、吉法師《きっぽうし》の教育係《きょういくがかり》としたのでした。

「大《おお》うつけ」とささやかれても……

「馬《うま》に乗《の》りたい。準備《じゅんび》はできているか！」

吉法師《きっぽうし》はさけびました。

吉法師《きっぽうし》は五歳《さい》で、父《ちち》の信秀《のぶひで》から、那古野城《なごやじょう》をあずかり、城主《じょうしゅ》となりました。しかし、やんちゃで、わがままな性格《せいかく》は、あいかわらずでした。

教育係《きょういくがかり》の平手政秀《ひらてまさひで》は、気《き》が気《き》ではありませんでした。

「若《わか》さま、まずは漢詩《かんし》のお勉強《べんきょう》を、しっかりなさいませ。いくさに勝《か》つためにも、学問《がくもん》を身《み》につけることはだいじなことですぞ」

「わかっとる……じいの説教《せっきょう》はくどいぞ」

吉法師《きっぽうし》は、説教《せっきょう》されることをもっともきらいました。

勉強《べんきょう》がおわると、すぐに、くらをつけないはだか馬《うま》にまたがり、お城《しろ》をとび出《だ》していくのです。

「頭《あたま》でおぼえる勉強《べんきょう》は、たしかにだいじだ。しかし、毎日《まいにち》いくさがつづく世《よ》の中《なか》だ。からだでおぼえることのほうが、もっとだいじだ」

吉法師《きっぽうし》は、夏《なつ》の光《ひかり》をムチでさえぎりながら、風《かぜ》を切《き》って馬《うま》を走《はし》らせます。

吉法師《きっぽうし》は、いくら五歳《さい》といっても、一国《こく》一城《じょう》のあるじです。お守《まも》りしなければならない家《け》来《らい》たちは、息《いき》をはずませながら、あとを追《お》いかけていきます。

吉法師《きっぽうし》は、ときおり、田《た》んぼのあぜみちや、川《かわ》のほとりや、山《やま》のふもとで馬《うま》をとめては、とつぜん、家来《けらい》にたずねます。

「そちたち（あなたたち）にたずねる。もし、この田《た》のまんなかで、敵《てき》とむかいあったら、どのように、たたかうか？」

「もし、この川《かわ》をはさんで、敵《てき》とむかいあったら、どのような作戦《さくせん》をたてるか？」

「もし、敵《てき》が、この山《やま》をこえてきたら、どのように立《た》ちむかうか？」

けらいたちは、そのたびに、まゆをひそめて顔《かお》を見《み》あわせるだけでした。

するど、吉法師《きっぽうし》は、へいぜんとしていうのです。

「田《た》やはたけは、農民《のうみん》の汗《あせ》がみのるところじゃ。だから、できるだけ田《た》はたでは、いくさをさけて、逃《に》げるのじゃ。原野《げんや》まできたら、武将《ぶしょう》を数隊《すうたい》にわけて、交代《こうたい》でたたかっていくのじゃ」

「川《かわ》では、舟《ふね》と、とび道具《どうぐ》がひつようじゃ。だから、弓矢《ゆみや》をたくさんそろえてうでをみがいておくように……」

「山《やま》では、敵軍《てきぐん》の動《うご》きが見《み》えない。だから、たえず敵《てき》のようすを知《し》るために、さぐりをいれたり、手紙《てがみ》でれんらくを、とりあうようにしなければ、たたかえない」

てきぱきとした吉法師《きっぽうし》の戦法《せんぽう》に、家来《けらい》たちは舌《した》を巻《ま》くばかりでした。

吉法師《きっぽうし》の心《こころ》には、いつも、いくさのことばかりがうず巻《ま》いていました。それは、父信秀《ちちのぶひで》の「強《つよ》い者《もの》だけが、勝《か》ちのこっていく世《よ》の中《なか》。負《ま》けたらおわりだ」ということばが、頭《あたま》のなかをかけめぐっていたからです。

しかし、吉法師《きっぽうし》の勝手気《かってき》ままで、自由《じゆう》ほんぽうなふるまいは、まわりの人《ひと》たちからは、あまり良《よ》い目《め》で見《み》られてはいませんでした。

「着物《きもの》に、そでも通《とお》さずに歩《ある》いている。あれでも、若殿《わかとの》さまなのか……」

「きょうも、わが家《や》の、キュウリや、ナスをもいで食《た》べていってしもうた。あれで、殿《との》さまといわれるのだから、あきれてしまうわ」

「若殿《わかとの》は、大《おお》うつけ（おろか者《もの》）じゃ」

農民《のうみん》たちは、吉法師《きっぽうし》のおこないを、かげでコソコソとささやきあっていました。

「若《わか》さまにも、困《こま》ったものじゃ。わしの教育《きょういく》のしかたが、まちがっているのじゃろうか」

教育係《きょういくがかり》の平手政秀《ひらてまさひで》は、頭《あたま》をかかえてしまいました。ですが、吉法師《きっぽうし》は、かげ口《ぐち》など気《き》にすることなく、きっぱりといいきるのでした。

「農民《のうみん》もいつか、わしの気持《きも》ちをわかってくれるにちがいない……天下《てんか》をとるためのいくさにのぞむには、せこせことした、ちいさな心《こころ》や態度《たいど》では生《い》きていけない」

波乱《はらん》にみちた一生《いっしょう》

吉法師《きっぽうし》は、一二歳《さい》で元服《げんぷく》(男《おとこ》の子《こ》が、おとなになるための儀式《ぎしき》)しました。

なまえも、織田三郎信長《おださぶろうのぶなが》と変《か》わりました。

教育係《きょういくがかり》の平手政秀《ひらてまさひで》は、

「おとなになって、字《じ》が書《か》けなかったり、世《よ》の中《なか》の動《うご》きを知《し》らなくては、恥《は》ずかしいことだ」

と、信長《のぶなが》をさとし、学問《がくもん》を身《み》につけさせようと、近《ちか》くにある甚目寺《じもくじ》のおしょうさんのもとへ通《かよ》わせることにしました。

頭《あたま》の回転《かいてん》が早《はや》い信長《のぶなが》は、漢詩《かんし》、漢文《かんぶん》、書道《しょどう》……を、またたくまに、おぼえてしまいました。

しかし、相変《あいか》わらず、ふだんのおこないは、殿《との》さまとしてほめられたものではありませんでした。

「おしょうさん、きょうはウリをもぎとってきた」

「川《かわ》で、ナマズと、フナをつかまえてきた」

信長《のぶなが》のすがたかっこうといえば、ちゃせん髪《がみ》に、ゆかた着《ぎ》、腰《こし》には、ひうち袋《ぶくろ》をさげています。どこから見《み》ても、殿《との》さまにはみえません。

ところがおしょうさんは、そんな信長《のぶなが》を、いつもニコニコと、やさしくむかえてくれたのでした。

「おお、いさましい若殿《わかとの》さまじゃ」

おしょうさんは、信長《のぶなが》がおさないころから「いくさに勝《か》つために……」と、きびしく、しつけられてきたことを知《し》っていました。ですから、「せめて自分《じぶん》だけでも、きかんぼうで、やんちゃな信長《のぶなが》の心《こころ》を、やさしくつつみこんであげよう」と思《おも》っていたのです。

信長《のぶなが》のほうも、なにをしても説教《せっきょう》されず、自分《じぶん》を理解《りかい》してくれるおしょうさんの前《まえ》では、すなおな気持《きも》ちになることができたのです。

「世間《せけん》では、信長《のぶなが》さまのことを大《おお》うつけというが、どうしてどうして、今《いま》の世《よ》に、もっともふさわしい若《わか》さまじゃ。やがて、天下《てんか》をとるにちがいない」

信長《のぶなが》が一七歳《さい》になったとき、尾張国《おわりのくに》など広《ひろ》く国《くに》をおさめていた、父《ちち》の織田信秀《おだのぶひで》が病気《びょうき》で亡《な》くなってしまいました。

父信秀《ちちのぶひで》のお葬式《そうしき》の日《ひ》。信長《のぶなが》は、家来《けらい》をつれて山《やま》へ狩《か》りに出《で》かけてしまったのです。

織田家《おだけ》のあとつぎで、お葬式《そうしき》をとりおこなう信長《のぶなが》が、時間《じかん》になっても帰《かえ》ってきません。

お寺《てら》にあつまって、お葬式《そうしき》を待《ま》つ人《ひと》びとは、コソコソとかげ口《ぐち》をたたきはじめました。

「お葬式《そうしき》の日《ひ》に、狩《か》りに行《い》くとは、なにごとだ」

「お葬式《そうしき》の日《ひ》に生《い》きものを殺《ころ》すとは、世間知《せけんし》らずもはなはだしい。やはり、殿《との》は大《おお》うつけじゃ」

「織田家《おだけ》も、これまでじゃ。おわりじゃろう」

そこに、信長《のぶなが》がもどってきました。

信長《のぶなが》は捕《と》らえてきたウサギを馬《うま》の足《あし》もとにおくと、あたりには目《め》もくれず、つかつかと部《へ》屋《や》に上《あ》がり、父《ちち》のれい前《ぜん》で足《あし》を組《く》みました。

「父上《ちちうえ》、天下《てんか》をおとりになるまえに……」

と叫《さけ》ぶと、手《て》もとにあった香《こう》のつぼを、位《い》はいにむかって投《な》げつけたのです。

お葬式《そうしき》にあつまっていた人《ひと》たちはおどろきました。しかし、相手《あいて》は若殿《わかとの》さまです。おさえつけるわけにはいきません。家来《けらい》たちは、

「殿《との》の、お心《こころ》が、おかしくなった」

と、おろおろするばかりでした。

そのときの信長《のぶなが》のほんとうの気持《きも》ちは、父《ちち》が天下《てんか》をとるまえに亡《な》くなったくやしさと、自《じ》

分《ぶん》が意志《いし》をつぐぞ、という決意《けつい》とが、うず巻《ま》いていたのです。

信長《のぶなが》の本心《ほんしん》を、きちんとわかっていたのは、甚目寺《じもくじ》のおしょうさんだけだったのです。


その後《ご》、織田信長《おだのぶなが》はつよい軍団《ぐんだん》をつくり、いくつものいくさに勝《か》ちつづけました。

農民《のうみん》にも、きちんとお金《かね》をはらって、たたかう兵士《へいし》としてあつめました。

桶狭間《おけはざま》のたたかいでは今川義元《いまがわよしもと》の大軍《たいぐん》を破《やぶ》り、いちやく、戦国武将《せんごくぶしょう》としてその名《な》をとどろかせました。

また、ポルトガルから日本《にほん》にわたってきたばかりの鉄砲《てっぽう》をつかい、鉄砲軍団《てっぽうぐんだん》もつくり、三交代《こうたい》で休《やす》まずに、たまを撃《う》つ作戦《さくせん》を考《かんが》えだしました。

信長《のぶなが》は着々《ちゃくちゃく》と「天下統一《てんかとういつ》への道《みち》」を進《すす》んでいきました。

ところが一五八二年《ねん》、明智光秀《あけちみつひで》にうらぎられ、本能寺《ほんのうじ》で自害《じがい》（自分《じぶん》で命《いのち》を絶《た》つこと）してしまいました。四八歳《さい》の若《わか》さでした。

『織田信長』って何をした人？

（1534 ～ 1582）安土・桃山時代の武将

尾張国《おわりのくに》（いまの愛知県《あいちけん》）の城主《じょうしゅ》の子《こ》として生《う》まれました。一七歳《さい》のとき父《ちち》・信秀《のぶひで》の死《し》により、清洲《きよす》城主《じょうしゅ》としてあとをつぎました。気《き》性《しょう》がはげしく、その後《ご》は戦《たたか》いの連続《れんぞく》でした。一五六〇年《ねん》、桶狭間《おけはざま》の戦《たたかい》で今川義元《いまがわよしもと》をやぶり、名《な》をとどろかせました。その後《ご》、京都《きょうと》へのぼり将軍足利義昭《しょうぐんあしかがよしあき》を追放《ついほう》してしまいました。足利《あしかが》幕府《ばくふ》を倒《たお》したあとも、浅井氏《あざいし》、朝倉氏《あさくらし》、武田氏《たけだし》を、次《つぎ》つぎとやぶっていきました。そして、近《おう》江国《みのくに》（いまの滋賀県《しがけん》）の安土《あづち》に大《おお》きな城《しろ》を築《きず》きました。信長《のぶなが》は、軍事面《ぐんじめん》では鉄砲《てっぽう》を利用《りよう》し、政《せい》治経済面《じけいざいめん》では、検地《けんち》をして、関所《せきしょ》をなくし楽市《らくいち》楽座《らくざ》をおこないました。また、キリスト教《きょう》を保《ほ》護《ご》するなど、新《あたら》しい政策《せいさく》をうちだし、天下統一《てんかとういつ》の土台《どだい》をつくりました。中国地方《ちゅうごくちほう》の毛利氏《もうりし》打倒《だとう》にむかう途中《とちゅう》、京都本能寺《きょうとほんのうじ》で家臣《かしん》の明智光秀《あけちみつひで》におそわれ、自害《じがい》しました。

お母さんやお父さんへ

読み聞かせのための予備知識

西暦	年齢	（※年齢は満年齢で計算）
一五三四	0	尾張国（いまの愛知県）の武将、織田信秀の嫡男として生まれる。幼名は吉法師。
一五四六	12	元服し織田信長と名のる。
一五四七	13	初陣に出る。
一五四九	15	美濃国（いまの岐阜県）領主、斎藤道三の娘の濃姫と結婚する。
一五五一	17	父が亡くなる。織田家を継ぐ。
一五五三	19	〔家臣の平手政秀が信長をいさめるために自害する〕
一五五六	22	〔斎藤道三とその長子の義龍が戦い、道三が敗れる〕
一五五九	25	このころ尾張を支配する。
一五六〇	26	〔桶狭間の戦〕今川義元を破る。

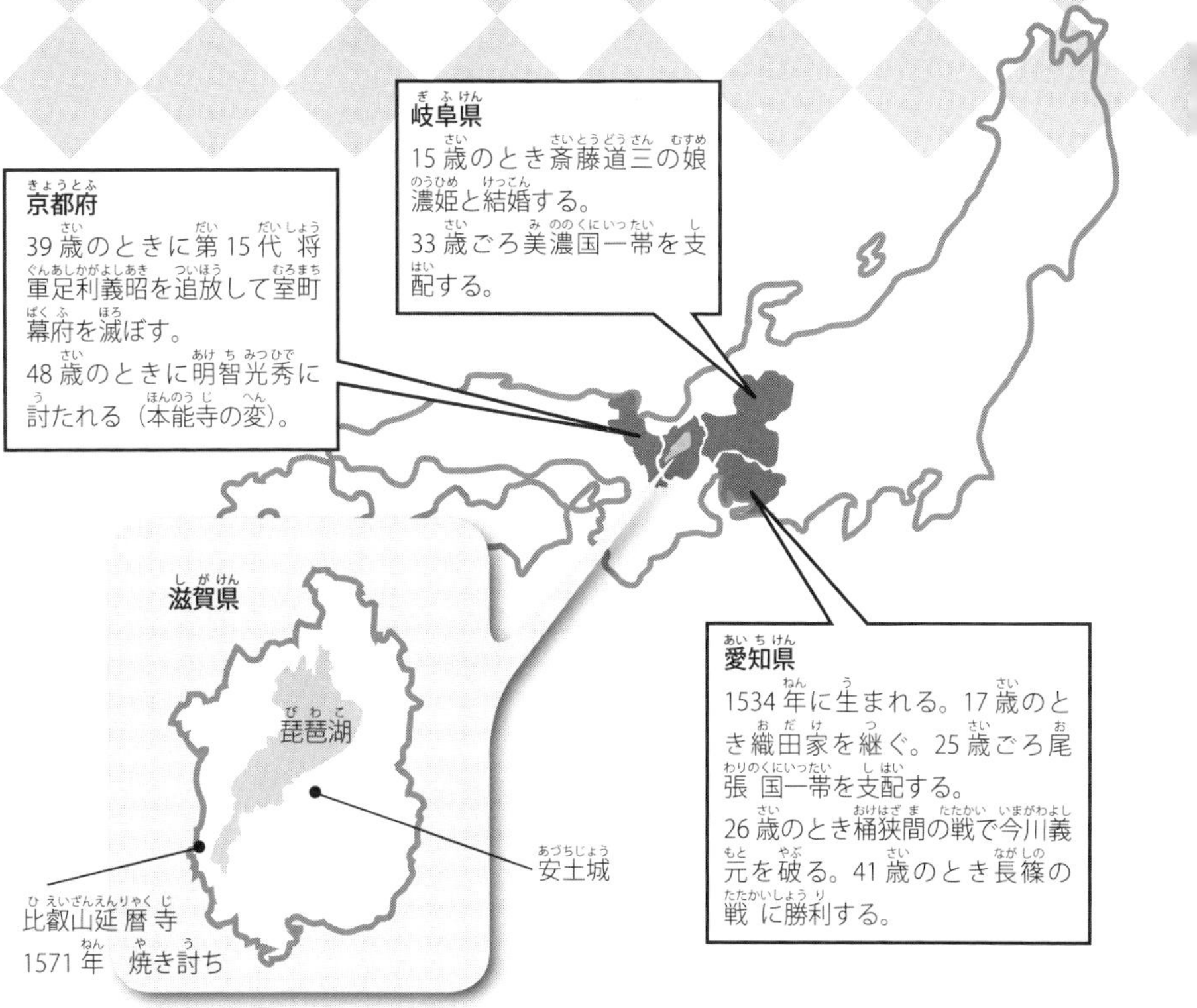
岐阜県《ぎふけん》
15歳《さい》のとき斎藤道三《さいとうどうさん》の娘《むすめ》濃姫《のうひめ》と結婚《けっこん》する。
33歳《さい》ごろ美濃国一帯《みののくにいったい》を支配《しはい》する。
京都府《きょうとふ》
39歳《さい》のときに第《だい》15代将《だいしょう》軍足利義昭《ぐんあしかがよしあき》を追放《ついほう》して室町《むろまち》幕府《ばくふ》を滅《ほろ》ぼす。
48歳《さい》のときに明智光秀《あけちみつひで》に討《う》たれる（本能寺《ほんのうじ》の変《へん》）。
滋賀県《しがけん》
琵琶湖《びわこ》
安土城《あづちじょう》
比叡山延暦寺《ひえいざんえんりゃくじ》
1571年《ねん》　焼《や》き討《う》ち
愛知県《あいちけん》
1534年《ねん》に生《う》まれる。17歳《さい》のとき織田家《おだけ》を継《つ》ぐ。25歳《さい》ごろ尾張国一帯《おわりのくにいったい》を支配《しはい》する。
26歳《さい》のとき桶狭間《おけはざま》の戦《たたかい》で今川義元《いまがわよしもと》を破《やぶ》る。41歳《さい》のとき長篠《ながしの》の戦《たたかい》に勝利《しょうり》する。

一五六二	28	徳川家康と同盟を結ぶ。
一五六七	33	斎藤氏を追放し美濃を支配する。
一五六八	34	足利義昭を奉じて京に上り、一五代将軍に就任させる。
一五七〇	36	〔姉川の戦〕浅井氏、朝倉氏を破る。
一五七一	37	比叡山を焼き討ちにする。
一五七三	39	足利義昭を京から追放し、室町幕府を滅ぼす。
一五七五	41	〔長篠の戦〕火縄銃を使って武田軍を破る。
一五七六	42	安土城を造営する（一五七九年完成）。
一五七七	43	右大臣になるが、つぎの年に辞任する。
一五八二	48	本能寺の変で明智光秀に討たれる。

●江戸《えど》幕府《ばくふ》をひらいた初代《しょだい》将軍《しょうぐん》

徳川家康《とくがわいえやす》

父母《ふぼ》とわかれて

「みなの者《もの》、わたしとともに、これから世《よ》の中《なか》をおさめていくには、とっさの決断力《けつだんりょく》と、たえしのぶ力《ちから》をもたなければならない。よいな！」

徳川家康《とくがわいえやす》は、家来《けらい》たちの顔《かお》を見《み》まわしながら、自信《じしん》にみちあふれた重《おも》みのある声《こえ》で、しっかりとつたえました。

家康《いえやす》は、一六〇〇年《ねん》、関ヶ原《せきがはら》のたたかいに勝《か》ち、その三年後《ねんご》、征夷大将軍《せいいたいしょうぐん》となって江戸幕府《えどばくふ》をひらいたのです。

それから、三百年近《びゃくねんちか》くのあいだ、江戸幕府《えどばくふ》は、たたかいのない世《よ》の中《なか》をつくりだしたのでした。

徳川家康《とくがわいえやす》は、一五四二年《ねん》、ちいさな三河国《みかわのくに》（いまの愛知県《あいちけん》の東《ひがし》がわ）の岡崎城城主《おかざきじょうじょうしゅ》、松平《まつだいら》広忠《ひろただ》の長男《ちょうなん》として生《う》まれました。なまえは、竹千代《たけちよ》とつけられました。

そのころ、国内《こくない》のあちこちでは、たたかいがおこなわれていました。

「ちいさな国《くに》では、すぐに攻《せ》めこまれてしまう。どこかの国《くに》と、手《て》を組《く》まなくてはなるまい」

父《ちち》の広忠《ひろただ》は、いつも、そのことばかりを考《かんが》えていました。

三河国《みかわのくに》は、東《ひがし》に駿河国《するがのくに》（いまの静岡県《しずおかけん》の中部《ちゅうぶ》）、西《にし》に尾張国《おわりのくに》（いまの愛知県《あいちけん》の西《にし》がわ）という、大《おお》きな、つよい国《くに》にはさまれていたからです。

そこで広忠《ひろただ》は、「駿河国《するがのくに》の、今川義元《いまがわよしもと》に、守《まも》ってもらおう」と、きめたのでした。

ところが、竹千代《たけちよ》の母方《ははかた》のしんせきはみんな、尾張国《おわりのくに》の織田氏《おだし》と手《て》を組《く》みはじめてしまったのです。

母《はは》は、岡崎城《おかざきじょう》にいることができなくなり、夫《おっと》の広忠《ひろただ》とわかれることになりました。

「竹千代《たけちよ》、いまはちいさな国《くに》でも、けっしていじけてはいけません。いつか大《おお》きな国《くに》にするように、先《さき》を見《み》すえた人《ひと》になるのですよ」

母《はは》は、竹千代《たけちよ》を、つよくだきしめました。

ですが、二歳《さい》の竹千代《たけちよ》には、まだなにもわかりませんでした。

つぎの日《ひ》から、竹千代《たけちよ》は、乳母《うば》（お母《かあ》さんにかわって育《そだ》ててくれる人《ひと》）に育《そだ》てられることになりました。

竹千代《たけちよ》が七歳《さい》になったとき、今川氏《いまがわし》は広忠《ひろただ》に、

「三河国《みかわのくに》を守《まも》ってあげるから、竹千代《たけちよ》を、こちらによこすように……」

と、せまってきました。

竹千代《たけちよ》を「人質《ひとじち》としてあずかりたい」というのです。

人質《ひとじち》といっても、「仲良《なかよ》しになったしょうこに、子《こ》どもをあずかっておく」というものでした。当時《とうじ》、それはごくあたりまえのようにおこなわれていました。

「竹千代《たけちよ》、すまんなあ。これも、三河国《みかわのくに》のため、人《ひと》びとのためと思《おも》って、力《ちから》になってくれ……たとえ、知《し》らない城《しろ》にいっても、岡崎城《おかざきじょう》の子《こ》としてのほこりは、持《も》ちつづけるのじゃぞ」

広忠《ひろただ》は、胸《むね》がはりさける思《おも》いで、しっかりとさとしました。

竹千代《たけちよ》は、口《くち》びるをかみしめ、にぎりこぶしをひざにのせると、だまってうなずきました。目《め》もとには、なみだがうかんでいました。

その数日後《すうじつご》、竹千代《たけちよ》は、今川氏《いまがわし》の命令《めいれい》で、引《ひ》き取《と》りにやってきた戸田康光《とだやすみつ》や、岡崎城《おかざきじょう》の家来《けらい》、それに、じいやの与三郎《よさぶろう》たちにかこまれて城《しろ》をあとにしました。

一行《いっこう》は船《ふね》で駿河国《するがのくに》をめざすことになりました。

船《ふね》が沖《おき》に出《で》てまもなく、じいやが、けげんな顔《かお》で船頭《せんどう》にたずねました。

「この船《ふね》は、西《にし》にむかっているようじゃが……駿河国《するがのくに》は東《ひがし》ではなかったか。いったい、どうしたことなのじゃ？」

すると、康光《やすみつ》が立《た》ち上《あ》がりました。

「みなの者《もの》、よく聞《き》け……われらは、これから西《にし》の尾張国《おわりのくに》、織田家《おだけ》のもとへむかう」

その声《こえ》に、じいやの顔《かお》は青《あお》ざめました。

すると竹千代《たけちよ》が、おちついた声《こえ》で、

「じい。いまは、さわぐときではない」

と、きっぱりといったのです。

人質《ひとじち》になって

竹千代《たけちよ》は、今川家《いまがわけ》に送《おく》られるところを、戸田康光《とだやすみつ》のうらぎりによって、織田家《おだけ》につれて行《い》かれ、人質《ひとじち》となってしまいました。

織田家《おだけ》にとっても竹千代《たけちよ》は、だいじな人質《ひとじち》でした。ですから、織田家《おだけ》の家来《けらい》たちからも、ていねいにあつかわれました。

「三河《みかわ》の城主《じょうしゅ》の子《こ》どもとして、どこにいても、れいぎ正《ただ》しく、おちついて、行動《こうどう》するのだぞ」

八歳《さい》になっても、竹千代《たけちよ》の心《こころ》のなかには、いつも父《ちち》のことばがひびいていました。

食事《しょくじ》のときも、正座《せいざ》をし、ゆっくりとかみしめるように、ものを口《くち》にはこぶ。庭《にわ》の草木《くさき》をながめるときも、胸《むね》をはって、おちついて歩《ある》く。

織田家《おだけ》のむすこ信長《のぶなが》は、ときどき竹千代《たけちよ》に声《こえ》をかけてくれました。

「あまり、かた苦《くる》しいたいどをとるな。もっとのびのびと、動《うご》きまわるがよい。のんびりとめしを食《く》っていたら、たたかいには勝《か》てないぞ」

八歳年上《さいとしうえ》の信長《のぶなが》はときどき、「もっと気持《きも》ちをらくにしたらよい」と、竹千代《たけちよ》の肩《かた》をたたくのでした。

信長《のぶなが》は、いつも、ろうかを走《はし》ったり、庭《にわ》の木《き》をたたいたりと、自由《じゆう》ほんぽう、気《き》ままなふるまいをしていました。そんな信長《のぶなが》のすがたを、竹千代《たけちよ》はうらやましそうに、見《み》つめていたのです。

「父上《ちちうえ》に、しかられないのですか？」

「しかってどうなるのじゃ……いまは、たたかいの世《よ》の中《なか》じゃ。つねに、走《はし》ったり、敵《てき》にどうしたら勝《か》てるか、考《かんが》えていなければならんのじゃ」

信長《のぶなが》のことばに、竹千代《たけちよ》は「そうだったのか」と、感心《かんしん》してしまいました。

信長《のぶなが》は、いつも、ひょうたんの形《かたち》をした大《おお》きなすずを腰《こし》にぶらさげて、ろうかを走《はし》りまわっていました。

それは、いつでもたたかうことができる、準備《じゅんび》のひとつでもあったのです。

「こん夜《や》は、わしといっしょに、めしを食《く》おうではないか？」

その夜《よる》、竹千代《たけちよ》は、信長《のぶなが》とむかいあって、夕食《ゆうしょく》をともにすることになりました。

二人《ふたり》のおぜんがはこばれてきました。

「よいか、わしが食《た》べかたの手本《てほん》をしめす。たたかいというのは、いつおわるかわからない。そのためには、早《はや》く食《く》うこと、つねに、はらをいっぱいにしておくことが、だいじなんじゃ」

信長《のぶなが》は、足《あし》を組《く》み、あぐらをかくと、どんぶりに、ごはんを山《やま》のようにもりました。そこに、青菜《あおな》を一まいのせると、かぶりつくように口《くち》にいれはじめたのです。

竹千代《たけちよ》は、信長《のぶなが》のだいたんな態度《たいど》に、おどろいてしまいました。

「おまえも、やってみるがよい」

いつも、ゆったりと口《くち》にしていた竹千代《たけちよ》は、さいしょは、とまどっていましたが、しだいになれてくると、ごはんをかきこむように、早《はや》く食《た》べることができるようになりました。

「それでよいのじゃ！」

そういうと信長《のぶなが》は、ごうかいにわらいました。

「こん夜《や》は、ごはんがおいしかった」

竹千代《たけちよ》は、おなかをたたきました。

竹千代《たけちよ》は食事《しょくじ》をとおして、信長《のぶなが》と、すっかり仲良《なかよ》しになりました。人《ひと》の目《め》を気《き》にして生《い》きるよりも、自分《じぶん》の思《おも》うままに行動《こうどう》することがたいせつであることもまなびました。信長《のぶなが》の行《こう》動《どう》をまねするたびに、なんだか自分《じぶん》が、いさましい武士《ぶし》に変《か》わっていくようにも、感《かん》じられたのです。

竹千代《たけちよ》が九歳《さい》になったとき。織田信長《おだのぶなが》の、母《はは》のちがう兄《あに》である信広《のぶひろ》が、たたかいに敗《やぶ》れ、今川軍《いまがわぐん》にとらえられてしまいました。

すると今川軍《いまがわぐん》では、

「竹千代《たけちよ》をよこせば、信広《のぶひろ》をかえす」

といってきました。

竹千代《たけちよ》は、こんどこそ、ほんとうに、駿河国《するがのくに》の今川家《いまがわけ》で人質《ひとじち》としてくらすことになったのです。

織田家《おだけ》を出《で》る日《ひ》、竹千代《たけちよ》は、かごにかっていた小鳥《ことり》を、ぜんぶ放《はな》してあげました。

「もう二度《ど》と、つかまるのではないぞ」

竹千代《たけちよ》は、鳥《とり》にむかってさけびました。

たたかいは、いきごみだ

竹千代《たけちよ》は、今川家《いまがわけ》の人質《ひとじち》といっても、となりの国《くに》、松平家《まつだいらけ》の城主《じょうしゅ》のむすこです。

「竹千代《たけちよ》をだいじに守《まも》るように……」

今川義元《いまがわよしもと》は、家来《けらい》に命《めい》じました。

一〇歳《さい》になった竹千代《たけちよ》は、武士《ぶし》として、これからの世《よ》を、どのように、きりひらいていったらいいかと、真剣《しんけん》に考《かんが》えるようになりました。

「三河国《みかわのくに》がよわいために、自分《じぶん》は人質《ひとじち》としてふりまわされている。国《くに》はつよくならなくてはいけない。おさないときに母《はは》が城《しろ》から出《で》ていったのも、父《ちち》が家来《けらい》に、ころされたのも、すべては国《くに》がよわかったからなのだ」

そのころから、竹千代《たけちよ》は、今川家《いまがわけ》の家来《けらい》をつれて、城《しろ》の外《そと》に遊《あそ》びに出《で》ることが多《おお》くなりました。

ある秋《あき》の昼《ひる》さがりのこと。

ススキの穂《ほ》がなびく河原《かわら》で、ふたつの村《むら》の子《こ》どもたちが、それぞれに竹《たけ》や、木《き》の枝《えだ》や、石《いし》などを手《て》にして、ケンカをはじめようとしていました。

子《こ》どもたちは、村《むら》のさかいにある、浅《あさ》い川《かわ》をはさんで、むかいあっていました。

東《ひがし》がわはわずか六人《にん》、西《にし》がわには一〇数人《すうにん》の子《こ》どもたちがあつまっていました。

竹千代《たけちよ》は、土手《どて》にたたずみ、そのようすをじっと見《み》つめていました。そして、おつきの家《け》来《らい》の一人《ひとり》、新八《しんぱち》にむかってたずねました。

「新八《しんぱち》。あのたたかいは、どちらが勝《か》つと思《おも》うか？」

「もちろん、西《にし》がわでしょう。なにしろ、人数《にんずう》が多《おお》い……」

すると、竹千代《たけちよ》は首《くび》をかしげて、

「そうかなあ。われは、東《ひがし》が勝《か》つと思《おも》うがのう」

竹千代《たけちよ》は、腕《うで》を組《く》んで、ケンカのようすを、じっとながめはじめました。

しばらくすると、西《にし》がわの子《こ》どもたちが、いっきに川《かわ》を渡《わた》り「わーっ」と、攻《せ》めはじめました。それまで、からだをふせ、ススキのかげでじっとしていた東《ひがし》がわの子《こ》どもたちは、二人《ふたり》をのこすと、四人《にん》が左右《さゆう》にわかれて、横《よこ》から攻《せ》めはじめたのです。

東《ひがし》がわの子《こ》どもたちの、いきおいのすさまじさと、すきのなさに、西《にし》がわの子《こ》どもたちは、おじけづいたのか、クモの子《こ》をちらすように、川《かわ》をひきかえし、逃《に》げていってしまいました。

「竹千代《たけちよ》どのは、どうして、東《ひがし》がわが勝《か》つと思《おも》われたのですか？」

「われは、ケンカがはじまる前《まえ》から、わかっていた。おたがいがにらみあっているときに、人数《にんずう》のすくない東《ひがし》がわの子《こ》は、しんけんだった。目《め》つきがちがっていた」

「そこまで見《み》ぬいておられたとは……さすが、竹千代《たけちよ》どのだ。じつにするどい。おそれいった」

今川家《いまがわけ》の家来《けらい》たちは、顔《かお》を見《み》あわせました。

「それに、攻《せ》めるときの、いきごみ……負《ま》けられないという心《こころ》が、小枝《こえだ》のふりまわしかたにも、あらわれておった」

竹千代《たけちよ》は、自信《じしん》にみちあふれた声《こえ》で、いいきったのです。

竹千代《たけちよ》は、今川家《いまがわけ》で一〇年間《ねんかん》を人質《ひとじち》という身分《みぶん》ですごしました。

「この、はげしいたたかいの世《よ》では、だれと手《て》を組《く》み、だれと、どのようにたたかうか。それが国《くに》の運命《うんめい》をきめることになる」

二歳《さい》のときに母《はは》とわかれ、九歳《さい》で父《ちち》をうしない、さらに一〇数年《すうねん》、よその国《くに》の城《しろ》で生活《せいかつ》するという苦《くる》しみにたえながら、「人《ひと》の心《こころ》の奥《おく》を見《み》ぬく力《ちから》」を身《み》につけていったのでした。

一九歳《さい》で岡崎城《おかざきじょう》にもどった竹千代《たけちよ》は、その後《ご》、徳川《とくがわ》の姓《せい》を名《な》のり、織田信長《おだのぶなが》と手《て》を組《く》み、かずかずのたたかいを、勝《か》ちぬいていったのでした。

やがて、豊臣秀吉《とよとみひでよし》から、関東《かんとう》の土地《とち》をあたえられ、江戸城《えどじょう》にはいりました。

一六〇〇年《ねん》には、天下分《てんかわ》け目《め》の関ヶ原《せきがはら》のたたかいにも勝《か》ちました。

一六〇三年《ねん》には、征夷大将軍《せいいたいしょうぐん》となり、江戸《えど》に幕府《ばくふ》をひらいたのでした。

『徳川家康』って何をした人？

（1542 ～ 1616）江戸幕府第一代将軍

三河国《みかわのくに》（いまの愛知県《あいちけん》）岡崎城主《おかざきじょうしゅ》・松平《まつだいら》広忠《ひろただ》の子《こ》として生《う》まれました。少年時代《しょうねんじだい》は、人質《ひとじち》として織田氏《おだし》、今川氏《いまがわし》にとらわれの身《み》になっていました。一八歳《さい》で岡崎城《おかざきじょう》にもどり、その後《ご》、徳川家康《とくがわいえやす》と名《な》を改《あらた》めました。織田信長《おだのぶなが》と手《て》をむすび、戦《たたか》いに勝《か》ちすすんで勢力《せいりょく》をのばしていきました。信長《のぶなが》の死後《しご》、今度《こんど》は豊臣秀吉《とよとみひでよし》と組《く》んで、小田原征伐《おだわらせいばつ》に参加《さんか》、その功績《こうせき》によって北条氏《ほうじょうし》がもっていた関東《かんとう》八か国《こく》をもらいました。江戸《えど》に城《しろ》をかまえて、地盤《じばん》を築《きず》きました。一六〇〇年《ねん》の関ケ原《せきがはら》の戦《たたか》いでは、石田三成《いしだみつなり》らの豊臣方《とよとみがた》の軍勢《ぐんぜい》をやぶり、全国統一《ぜんこくとういつ》をはかりました。その三年後《ねんご》には征夷大将軍《せいいたいしょうぐん》となり、江戸《えど》に幕府《ばくふ》をひらきました。士農工商《しのうこうしょう》の身分制度《みぶんせいど》をきびしくし、おおくの大名《だいみょう》をしたがえることに成功《せいこう》しました。徳川幕府《とくがわばくふ》は約三百年《やくさんびゃくねん》つづきました。

お母さんやお父さんへ

読み聞かせのための予備知識

（※年齢は満年齢で計算）

西暦	年齢	
一五四二	0	岡崎城内（いまの愛知県岡崎市）で松平広忠の嫡男として生まれる。幼名は竹千代。
一五四九	7	松平家が駿河国（いまの静岡県）今川氏の臣下となる。今川家に人質として送られる途中で襲われ、織田家の人質となる。
一五五一	9	父の広忠が殺される。今川義元が人質交換を要請、今川家の人質となる。
一五五五	13	元服し松平元信と名のる。
一五六〇	18	〔桶狭間の戦。織田信長が今川義元を破る〕
一五六一	19	今川氏から独立。
一五六二	20	織田信長と同盟を結ぶ。
一五六三	21	松平家康と名前を改める。
一五六六	24	朝廷より徳川姓を許され、徳川家康と名のる。

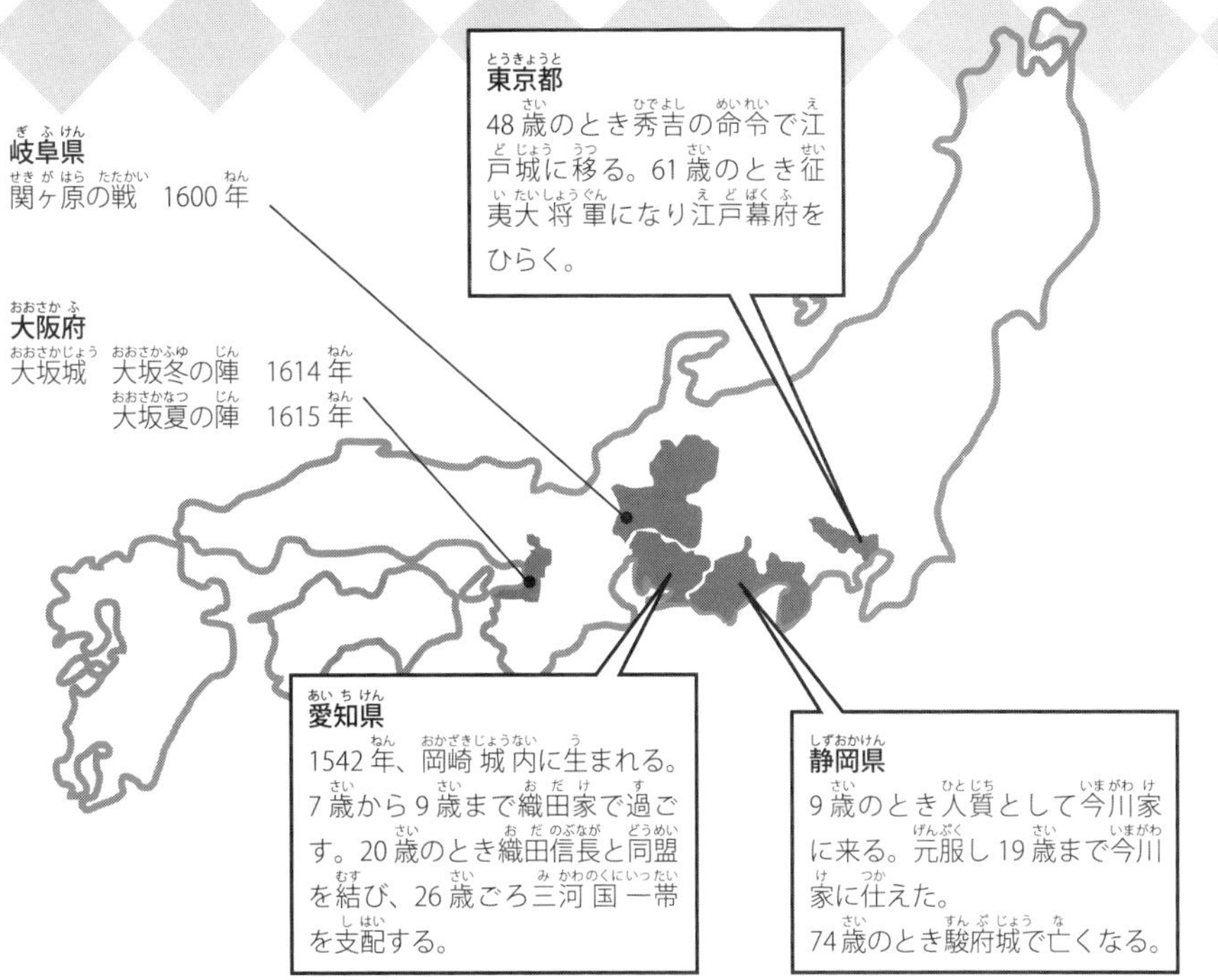
岐阜県《ぎふけん》
関ヶ原《せきがはら》の戦《たたかい》 1600年《ねん》
大阪府《おおさかふ》
大坂城《おおさかじょう》 大坂冬《おおさかふゆ》の陣《じん》 1614年《ねん》
大坂夏《おおさかなつ》の陣《じん》 1615年《ねん》
東京都《とうきょうと》
48歳《さい》のとき秀吉《ひでよし》の命令《めいれい》で江《え》戸城《どじょう》に移《うつ》る。61歳《さい》のとき征《せい》夷大将軍《いたいしょうぐん》になり江戸幕府《えどばくふ》をひらく。
愛知県《あいちけん》
1542年《ねん》、岡崎城内《おかざきじょうない》に生《う》まれる。7歳《さい》から9歳《さい》まで織田家《おだけ》で過《す》ごす。20歳《さい》のとき織田信長《おだのぶなが》と同盟《どうめい》を結《むす》び、26歳《さい》ごろ三河国一帯《みかわのくにいったい》を支配《しはい》する。
静岡県《しずおかけん》
9歳《さい》のとき人質《ひとじち》として今川家《いまがわけ》に来る。元服《げんぷく》し19歳《さい》まで今川《いまがわ》家《け》に仕《つか》えた。
74歳《さい》のとき駿府城《すんぷじょう》で亡《な》くなる。

一五六八	26	三河国を支配する。
一五八二	40	〔本能寺の変。織田信長が明智光秀に討たれる〕
一五八六	44	大坂城で豊臣秀吉に付き従う。
一五九〇	48	豊臣秀吉の小田原攻めに参加。江戸城に移り改築を始める。
一五九八	56	〔豊臣秀吉が亡くなる〕
一六〇〇	58	ウィリアム・アダムス（三浦按針）と会う。〔関ヶ原の戦〕豊臣軍を破る。
一六〇三	61	朝廷から征夷大将軍に任じられ、江戸幕府をひらく。
一六〇五	63	征夷大将軍を辞して大御所になる。秀忠が二代将軍になる。
一六一四	72	大坂冬の陣。大坂城を攻める。
一六一五	73	大坂夏の陣。豊臣家を滅ぼす。武家諸法度などを定める。
一六一六	74	駿府城で亡くなる。

●江戸《えど》を戦火《せんか》から守《まも》った

勝《かつ》海舟《かいしゅう》

貧《まず》しい生活《せいかつ》にたえて

勝海舟《かつかいしゅう》は、江戸時代《えどじだい》のおわりごろ、咸臨丸《かんりんまる》に乗《の》りアメリカへ渡《わた》って、国際交流《こくさいこうりゅう》の橋《はし》わたしをおこなったり、また、徳川幕府《とくがわばくふ》の責任者《せきにんしゃ》のひとりとして、江戸城《えどじょう》をあけわたしたり……と、あたらしい時代《じだい》のまくあけに、力《ちから》をそそいだ人《ひと》のひとりです。

勝海舟《かつかいしゅう》は、一八二三（文政《ぶんせい》六）年《ねん》、江戸《えど》の本所《ほんじょ》（いまの墨田区《すみだく》）に生《う》まれました。少年時《しょうねんじ》代《だい》の名《な》は、麟太郎《りんたろう》といいました。

父《ちち》の勝小吉《かつこきち》は、徳川幕府《とくがわばくふ》につかえる旗本《はたもと》でしたが、ろく高《だか》（武士《ぶし》が主人《しゅじん》からもらう給料《きゅうりょう》）は、四一石《こく》（いまの給料《きゅうりょう》にすると、一か月《げつ》で八万円《まんえん》くらい）という、わずかなものでしたから、家《いえ》を借《か》りて、親子《おやこ》三人《にん》が生活《せいかつ》していくためには、家計《かけい》をかなりきりつめなければなりませんでした。

世《よ》の中《なか》は平和《へいわ》で、あらそいごともなく、まして、父《ちち》は小《こ》ぶしん組《ぐみ》という、きまった役《やく》もない武士《ぶし》でしたから、お城《しろ》に出《で》かけることは、ほとんどありませんでした。

母《はは》のぶは、たとえ家《いえ》はびんぼうでも、子《こ》どもの心《こころ》をいじけさせてはいけないと思《おも》い、こと

あるごとに、

「麟太郎《りんたろう》、武士《ぶし》の子《こ》は、ほしいものがあっても、けっして、ものほしそうな顔《かお》をしてはいけません」

「いちど、地面《じめん》におとした食《た》べものは、けっして、ひろってはいけません」

と、きびしくさとし、武士《ぶし》としての道《みち》と、そのほこりをうえつけていったのでした。

母《はは》は、たとえお米《こめ》を買《か》うお金《かね》がなくなっても、貧《まず》しいことをなげいたり、ぐちをこぼしたりしませんでした。

それよりも、父《ちち》のすばらしさを、いつも子《こ》どもに語《かた》って聞《き》かせたのでした。

「お父《とう》さまのように、どんなちいさなものにも、目《め》をひらいて、しっかりと見《み》つめるんですよ」

「お父《とう》さまのように、つよくなって、困《こま》っている人《ひと》や、よわい人《ひと》の味方《みかた》になってあげるのですよ」

六歳《さい》になったとき、麟太郎《りんたろう》は江戸城《えどじょう》へつれていってもらいました。

当時《とうじ》、お城《しろ》へは、だれもが自由《じゆう》に出入《でい》りできたわけではありませんでした。たまたま、小《こ》吉《きち》の親《しん》せき、阿茶《あちゃ》の局《つぼね》が、大奥《おおおく》のつとめに出《で》ていたことから、その紹介《しょうかい》で、足《あし》をふみ入《い》れることができたのです。

「お城《しろ》って、すごいんだなぁ。木《き》も、石《いし》も、池《いけ》の水《みず》までも、江戸《えど》の町《まち》で見《み》るものとは、ちがうようだ」

麟太郎《りんたろう》は、広《ひろ》い中庭《なかにわ》で、松《まつ》の幹《みき》をたたいたり、小石《こいし》をひろってはじっと見《み》つめたり、両手《りょうて》で池《いけ》の水《みず》をすくったりしては、そのたびに、目《め》をかがやかせていました。

ふつう、江戸城《えどじょう》にやってきた者《もの》は、おそれおののき、背中《せなか》を丸《まる》め、下《した》をむいたまま、ゆっくりとしずかに歩《ある》いていたのです。

それが、堂々《どうどう》と胸《むね》をはって、りりしいすがたで、庭《にわ》の木《き》をながめているのです。

「あれは、何者《なにもの》じゃ？」

中庭《なかにわ》をながめていた、十一代将軍徳川家斉《しょうぐんとくがわいえなり》が、おつきの人《ひと》にたずねました。

女中《じょちゅう》のひとりが、おしかりをうけるものと思《おも》い、おそるおそる、頭《あたま》をさげました。

「あの子《こ》は、阿茶《あちゃ》の局《つぼね》の親《しん》せきの者《もの》で、勝小吉《かつこきち》のせがれ、麟太郎《りんたろう》と申《もう》します」

家斉《いえなり》は、麟太郎《りんたろう》の動《うご》きをじっと見《み》つめていました。

「麟太郎《りんたろう》か……じつに、かしこそうな目《め》をしておる。あの子《こ》を城《しろ》へ上《あ》げて、初之丞《はつのじょう》の相手《あいて》を

させてはどうじゃな」

初之丞《はつのじょう》は、家斉《いえなり》の孫《まご》にあたります。つまり、十二代将軍家慶《だいしょうぐんいえよし》の五男《なん》になるのです。

麟太郎《りんたろう》は、江戸城《えどじょう》へ遊《あそ》びにつれていってもらったことが縁《えん》となって、将軍家《しょうぐんけ》の子《こ》どもの〈学友《がくゆう》〉という幸運《こううん》を手《て》にしたのでした。

母《はは》の、「子《こ》どもに、ものをしっかり見《み》つめさせる」というしつけがみのったといってもよいでしょう。

人《ひと》のつきあいをだいじに

子《こ》どもは、父《ちち》や、母《はは》の背中《せなか》を見《み》て育《そだ》つ——六歳《さい》の麟太郎が、将軍家《しょうぐんけ》の子《こ》ども初之丞《はつのじょう》の学友《がくゆう》として、江戸城《えどじょう》へ上《あ》がることがきまって、母《はは》は内心《ないしん》うれしかったのですが、むしろきびしい顔《かお》で、

「たとえ、将軍《しょうぐん》さまであっても、けっして、こびることはありません。家《いえ》にいるときのように、ふるまっていればいいのですよ」

と、いったのでした。

麟太郎《りんたろう》が、のちに時代《じだい》の先頭《せんとう》に立《た》ち、活《かつ》やくすることができたのは、人《ひと》と人《ひと》との心《こころ》のつながりをだいじにして、経済感覚《けいざいかんかく》をしっかり身《み》につけたからだったのです。

このことは、麟太郎《りんたろう》がおさないころから、父《ちち》の小吉《こきち》が、からだで教《おし》えこんでいました。

父《ちち》は、城《しろ》へ上《あ》がる日《ひ》よりも、むしろ家《いえ》にいる日《ひ》のほうが多《おお》かったのです。

頭《あたま》がきれるうえに、剣術《けんじゅつ》もつよかったので、武士《ぶし》や町人《ちょうにん》の相談相手《そうだんあいて》になったり、ケンカがはじまると、あいだにはいって、丸《まる》くおさめてあげました。ですから、父《ちち》は町《まち》の人《ひと》たちから信頼《しんらい》され、慕《した》われていたのです。

「ケンカをしてはいけないが、いつでも立《た》ちあがれるように、力《ちから》だけは、つけておかなければならない」

「よわい者《もの》は、いつも泣《な》かされている。ケンカがはじまったら、よわい者《もの》の味方《みかた》になってあげなければならない」

「これからの時代《じだい》は、人《ひと》とのつきあいをもっとだいじにし、仲良《なかよ》くしていくことを考《かんが》えなければならない」

麟太郎《りんたろう》は、耳《みみ》にタコができるほど、父《ちち》からおなじようなことばを聞《き》かされていました。

父《ちち》は、ケンカをおさめるだけでなく、そのあとケンカをした者《もの》どうしを仲良《なかよ》くさせることもわすれませんでした。

父《ちち》の小吉《こきち》は、ろく高《だか》が安《やす》かったので、「刀剣鑑定《とうけんかんてい》」（刀《かたな》の良《よ》し悪《あ》しを見《み》きわめること）も、内職《ないしょく》（お金《かね》をえるために本業《ほんぎょう》のあいまをみて仕事《しごと》をすること）としておこなっていました。

質《しつ》の良《よ》い刀《かたな》、質《しつ》の悪《わる》い刀《かたな》を見《み》きわめることは、だれにでもできることではありません。父《ちち》だけは、自分《じぶん》にしかできない仕事《しごと》によって、生活《せいかつ》をささえることができたのです。

多《おお》くの人《ひと》が、父《ちち》の小吉《こきち》のもとへ、刀《かたな》をもってやってきます。そんなとき、かならず麟太郎《りんたろう》をわきへすわらせ、

「この刀《かたな》は、焼《や》きがよわいから悪《わる》いのだ」

「この刀《かたな》は、なぜ良《よ》いか、わかるかな？」

と、説明《せつめい》したり、質問《しつもん》したりするのでした。

麟太郎《りんたろう》は、父《ちち》の〈刀《かたな》を安《やす》く買《か》ってきて、それを修理《しゅうり》し、高《たか》く売《う》る〉という経済感覚《けいざいかんかく》を、横で見《み》ながら、

「自分《じぶん》だけにしかできないこと、ものをしっかり見《み》る目《め》をやしなうことは、とてもだいじな

ことなんだ」

ということを身《み》につけていったのです。

お城《しろ》へ上《あ》がって、将軍《しょうぐん》の子《こ》、初之丞《はつのじょう》の学友《がくゆう》となった麟太郎《りんたろう》は、お城《しろ》のなかでめずらしいものを目《め》にすると、それに手《て》をふれては、納得《なっとく》するまで、初之丞《はつのじょう》と話《はな》しあったのでした。

のら犬《いぬ》にかまれて

麟太郎《りんたろう》は、二年間《ねんかん》を、初之丞《はつのじょう》の相手役《あいてやく》として江戸城《えどじょう》ですごしました。

その役目《やくめ》をおえた麟太郎《りんたろう》は、こんどは、自分《じぶん》の漢文《かんぶん》の勉強《べんきょう》のために塾《じゅく》へ通《かよ》いはじめました。

ある冬《ふゆ》の夕方《ゆうがた》、塾《じゅく》からの帰《かえ》り道《みち》、長《なが》い黒《くろ》べいのかげから、大《おお》きなのら犬《いぬ》が、とつぜんあらわれました。

麟太郎《りんたろう》は、いっしゅんからだがふるえました。

相手《あいて》は犬《いぬ》です。しらんぷりをして通《とお》ってしまえばよかったのですが、手《て》にした本《ほん》をふりあげて、

「じゃまだっ、どけっ！」

と、武士《ぶし》の子《こ》どもらしく、さけんでしまったのです。

のら犬《いぬ》は、まだ八歳《さい》の麟《りん》太《た》郎《ろう》の大《おお》きさほどありました。

犬《いぬ》は、前足《まえあし》で土《つち》をかいて身《み》がまえると、つぎのしゅんかん、麟《りん》太《た》郎《ろう》のまたぐらをめがけて突進《とっしん》してきました。

麟《りん》太《た》郎《ろう》は、身《み》をかわすひまもありませんでした。

「あっ」と思《おも》ったときには、のら犬《いぬ》は、麟《りん》太《た》郎《ろう》の太《ふと》ももにガブリと、かみついていました。

――ギャッ！

麟《りん》太《た》郎《ろう》のさけび声《ごえ》が、やみをとんでいきました。近所《きんじょ》の人《ひと》たちがかけよってきました。

「この子《こ》は、勝《かつ》さまのせがれさまじゃ」

麟《りん》太《た》郎《ろう》の顔《かお》はまっ青《あお》。口《くち》もとはふるえています。太《ふと》ももから流《なが》れ出《で》た血《ち》が、はかまをつたって、道《みち》の土《つち》にしみこんでいきました。

急《きゅう》の知《し》らせを聞《き》いてかけつけた父《ちち》は、わが子《こ》の出血《しゅっけつ》があまりにもひどくて、からだを動《うご》かせないとわかると、医者《いしゃ》をよんできて、道《みち》ばたで応急手当《おうきゅうてあて》をさせました。

医者《いしゃ》はまゆをひそめて、首《くび》を横《よこ》にふりながら、

「こんなにひどい出血《しゅっけつ》では、いのちは、わかりませんじゃ」

と、父《ちち》の耳《みみ》もとでつぶやきました。

すると父《ちち》は、

「いのちが、わからない……よしっ、それなら、わしが治《なお》してみせる」

とおこりだし、医者《いしゃ》を帰《かえ》してしまいました。父《ちち》は麟太郎《りんたろう》をかついで家《いえ》に帰《かえ》りました。

その夜《よる》、つぎの医者《いしゃ》がやってきました。

父《ちち》は、医者《いしゃ》にたのみました。

「犬《いぬ》にかまれて、さけている部分《ぶぶん》を、ぬっ、ぬっ、ぬってやってください」

これには医者《いしゃ》のほうが、びっくりしてしまいました。まだ八歳《さい》の子《こ》どものきず口《くち》を糸《いと》でぬってくれ、というのです。当時《とうじ》は、ま、ま、ますい薬《やく》もなかったのです。それに、医者《いしゃ》は、ぬうという手術《しゅじゅつ》をしたことがありません。

医者《いしゃ》がためらっていると、父《ちち》が、

「せがれが、犬《いぬ》にかまれて死《し》ぬくらいなら、わしが腹《はら》を切《き》る！」

といって、刀《かたな》をぬき、たたみにつきさしました。

医者《いしゃ》は、しぶしぶうなずきました。

うす暗《ぐら》いロウソクの灯《あかり》のもとで、きず口《ぐち》をぬう医者《いしゃ》の手《て》はふるえていました。

麟太郎《りんたろう》は、うめきつづけました。

父《ちち》はまくらもとで、ひや汗《あせ》をぬぐいながら、麟太郎《りんたろう》の手《て》をにぎりしめています。

「ひとことでも、いたい、死《し》ぬ、とさけんでみろっ。わしが、さきに切腹《せっぷく》するからな。そんな、よわ虫《むし》でどうするか。どんなけがでも、気持《きも》ちで治《なお》るんだ」

麟太郎《りんたろう》は、父《ちち》のことばに、いたみをぐっとこらえました。

一度《いちど》、医者《いしゃ》から「いのちはわからない」と見《み》はなされた麟太郎《りんたろう》が立《た》ち直《なお》ることができたのは、父《ちち》の気力《きりょく》がまさっていたからでした。


やがて、おとなになった麟太郎《りんたろう》は、海舟《かいしゅう》と名《な》のり、蘭学《らんがく》や、西洋《せいよう》の海軍兵学《かいぐんへいがく》をまなび、徳川幕府《とくがわばくふ》の海軍操練所《かいぐんそうれんじょ》の先生《せんせい》になりました。一八六〇年《ねん》には、渡米使節《とべいしせつ》といっしょに、咸臨丸《かんりんまる》の艦長《かんちょう》として、日本《にほん》の船《ふね》ではじめてアメリカへ渡《わた》ったのです。

江戸《えど》から明治《めいじ》へとうつり変《か》わる、はげしくゆれうごく時代《じだい》。

勝海舟《かつかいしゅう》が、あたらしい国《くに》づくりのために動《うご》いていた坂本龍馬《さかもとりょうま》と仲良《なかよ》くなったのも、また、幕府側《ばくふがわ》の代表《だいひょう》として西郷隆盛《さいごうたかもり》と話《はな》しあって、江戸《えど》の町《まち》を戦火《せんか》から守《まも》ったのも、おさないころに聞《き》いた〈人《ひと》と人《ひと》とのつきあいをだいじに〉という父《ちち》のことばが、しみこんでいたからなのです。

『勝海舟』って何をした人？

（1823 ～ 1899）江戸末期から明治にかけての政治家

江戸《えど》の本所《ほんじょ》に旗本《はたもと》の子《こ》として生《う》まれました。名《な》は麟太郎《りんたろう》。少年時代《しょうねんじだい》は島田見山《しまだけんざん》から剣術《けんじゅつ》をならいました。西洋兵学《せいようへいがく》をこころざし、オランダ語《ご》をみにつけて西洋《せいよう》の学問《がくもん》・蘭学《らんがく》をまなびました。二七歳《さい》で蘭学《らんがく》の塾《じゅく》をひらきました。その一〇年後《ねんご》には、咸臨丸《かんりんまる》の艦長《かんちょう》となり太平洋《たいへいよう》を横断《おうだん》しアメリカとの交流《こうりゅう》を深《ふか》めました。帰国後《きこくご》は、軍艦奉行《ぐんかんぶぎょう》として、神戸《こうべ》に海《かい》軍操練所《ぐんそうれんじょ》をつくりました。一八六八年《ねん》、官軍《かんぐん》が江戸《えど》にせまってきたとき、西郷隆盛《さいごうたかもり》と会見《かいけん》し、江戸城《えどじょう》を明《あ》けわたし、江戸《えど》の町《まち》を戦火《せんか》からすくいました。明治政府《めいじせいふ》ができると、参《さん》議《ぎ》・海軍卿《かいぐんきょう》・元老院議員《げんろういんぎいん》・枢密顧問官《すうみつこもんかん》の重要《じゅうよう》なポストにつき、活《かつ》やくしました。『海軍歴《かいぐんれき》史《し》』をはじめたくさんの本《ほん》も書《か》きました。

お母さんやお父さんへ

読み聞かせのための予備知識

（※年齢は満年齢で計算）

西暦	年齢	
一八二三	0	江戸本所（いまの東京都墨田区）に旗本の勝小吉の子として生まれる。幼名・通称は麟太郎。
一八三一	8	従兄弟である男谷精一郎の道場で剣術を学ぶ。犬にかまれて重傷を負う。
一八三五	12	男谷精一郎門下の島田見山について剣術修業にはげむ。
一八三八	15	父が隠居する。家督を継ぐ。
一八四〇	17	島田の勧めで牛島の弘福寺で禅の修業をする。
一八四三	20	直心影流剣術の免許皆伝をうける。
一八四五	22	赤坂の永井青崖から蘭学を学ぶ。
一八四六	23	赤坂に移り住む。蘭和辞書「ドゥーフ・ハルマ」を筆写する。
一八五〇	27	赤坂に蘭学塾をひらく。
一八五三	30	〔ペリー来航〕幕府に海防意見書を提出する。
一八五五	32	長崎海軍伝習所に入門して、蒸気船の操縦法などを学ぶ。

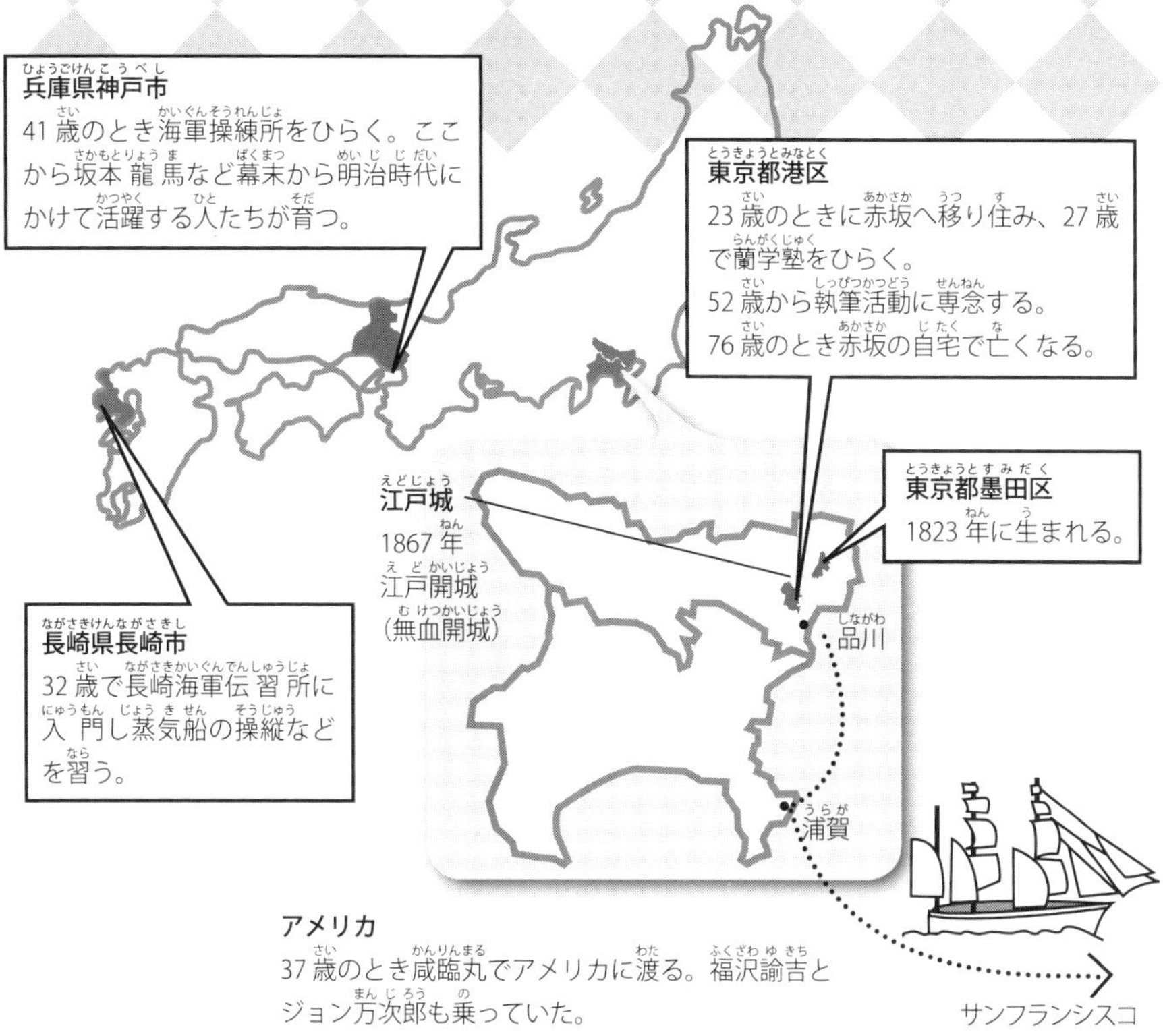
兵庫県神戸市《ひょうごけんこうべし》
41歳《さい》のとき海軍操練所《かいぐんそうれんじょ》をひらく。ここから坂本龍馬《さかもとりょうま》など幕末《ばくまつ》から明治時代《めいじじだい》にかけて活躍《かつやく》する人《ひと》たちが育《そだ》つ。
東京都港区《とうきょうとみなとく》
23歳《さい》のときに赤坂《あかさか》へ移《うつ》り住《す》み、27歳《さい》で蘭学塾《らんがくじゅく》をひらく。
52歳《さい》から執筆活動《しっぴつかつどう》に専念《せんねん》する。
76歳《さい》のとき赤坂《あかさか》の自宅《じたく》で亡《な》くなる。
東京都墨田区《とうきょうとすみだく》
1823年《ねん》に生《う》まれる。
江戸城《えどじょう》
1867年《ねん》
江戸開城《えどかいじょう》
（無血開城《むけつかいじょう》）
長崎県長崎市《ながさきけんながさきし》
32歳《さい》で長崎海軍伝習所《ながさきかいぐんでんしゅうじょ》に入門《にゅうもん》し蒸気船《じょうきせん》の操縦《そうじゅう》などを習《なら》う。
品川《しながわ》
浦賀《うらが》
アメリカ
37歳《さい》のとき咸臨丸《かんりんまる》でアメリカに渡《わた》る。福沢諭吉《ふくざわゆきち》とジョン万次郎《まんじろう》も乗《の》っていた。
サンフランシスコ

一八六〇	37	幕府使節の護衛で咸臨丸を指揮してアメリカへ渡る。
一八六二	39	海軍奉行並となり幕府の要職につく。〔坂本龍馬が門下生になる〕
一八六四	41	軍艦奉行になる。航海術などを教える神戸海軍操練所をひらく。安房守に任命され、勝安房と名のる。
一八六七	44	〔坂本龍馬が暗殺される〕
一八六八	45	〔明治維新。戊辰戦争〕幕府軍事総裁として西郷隆盛と会談し、江戸開城を実現する（無血開城）。
一八六九	46	駿府（いまの静岡県）に帰る。安芳と名を改める。
一八七二	49	赤坂に移り住む。
一八七三	50	明治政府の参議兼海軍卿になり海軍創設のため尽力する。
一八七五	52	公職を辞して赤坂の家で執筆活動に専念、「海軍歴史」など多くの著作を執筆する。
一八七七	54	〔西南戦争。西郷隆盛自刃〕
一八八七	64	伯爵に任命され、翌年には枢密顧問官となる。
一八九九	76	脳溢血のため亡くなる。

●明治維新《めいじいしん》をきりひらいた

西郷隆盛《さいごうたかもり》

力仕事《ちからしごと》に手《て》をかす少年《しょうねん》

東京《とうきょう》の上野公園《うえのこうえん》の入《い》り口《ぐち》には、着物《きもの》のすそをなびかせ、犬《いぬ》をつれて堂々《どうどう》としたすがたの、西郷隆盛《さいごうたかもり》の銅像《どうぞう》が建《た》っています。

「上野《うえの》の西郷《さいごう》さん」

「西郷《さいごう》さんの下《した》で待《ま》っててね……」

いまでも、西郷隆盛《さいごうたかもり》は多《おお》くの人《ひと》たちに、「西郷《さいごう》さん」とよばれて、親《した》しまれています。

西郷隆盛《さいごうたかもり》は、明治維新《めいじいしん》のために、大《おお》きな働《はたら》きをした人《ひと》なのです。

西郷隆盛《さいごうたかもり》は、一八二七（文政《ぶんせい》一〇）年《ねん》、一二月七日《がつなのか》、薩摩藩《さつまはん》の武士《ぶし》の子《こ》として、いまの鹿《か》児島市《ごしまし》に生《う》まれました。おさないころの名《な》を小吉《こきち》といいました。

そのころ、薩摩藩《さつまはん》では、武士《ぶし》の身分《みぶん》を一〇にわけていました。父《ちち》の吉兵衛《きちべえ》は、下《した》から二番《ばん》目《め》の「小姓組《こしょうぐみ》」という、ひくい身分《みぶん》だったので、給料《きゅうりょう》は安《やす》く生活《せいかつ》はらくではありませんでした。そのうえ、藩《はん》の経済《けいざい》はゆきづまり、給料《きゅうりょう》をもらえないこともしばしばあったのです。

小吉《こきち》の家《いえ》では、両親《りょうしん》が内職《ないしょく》をしながら、細《ほそ》ぼそと生計《せいけい》をたてていました。

「小吉《こきち》よ、どんなにつらくても、武士《ぶし》の子《こ》は武士《ぶし》。けっして、つらい顔《かお》をしてはいかんぞ」

父《ちち》は、小吉《こきち》にいいきかせます。

「うちは、食《た》べていくのがやっとです。でも、困《こま》っているのは、うちばかりではありません。藩《はん》が良《よ》くなれば、みんなのくらしも良《よ》くなるのです……」

母《はは》のまさも、家《いえ》のことをつつみかくさず、小吉《こきち》に話《はな》して聞《き》かせたのでした。

両親《りょうしん》が明《あか》るくふるまっていたので、小吉《こきち》はのびのびと育《そだ》っていきました。そのうちに、弟《おとうと》や妹《いもうと》も生《う》まれ、一枚《まい》の薄《うす》いふとんに三人《にん》がくるまってねる、という生活《せいかつ》がはじまりました。ですが小吉《こきち》は、「せまい」とか、「さむい」とか、ぐちをこぼしませんでした。

かなしいことがあると、家《いえ》をそっとぬけ出《だ》し、ちかくの高台《たかだい》にのぼっては、もくもくとふん煙《えん》を上《あ》げる桜島《さくらじま》を見《み》つめていました。流《なが》れる煙《けむり》の下《した》には、青黒《あおぐろ》い海《うみ》がひらけていました。

（おいらも、いまに、大《おお》きな家《いえ》をつくってみせるぞ！）

と、心《こころ》のなかでさけんでいたのでした。

小吉《こきち》は、その名前《なまえ》とはんたいに、からだのほうは、人一倍《ひといちばい》、大《おお》きく育《そだ》っていきました。

一〇歳《さい》になったときには、おとなとおなじくらいの、からだつきになっていました。ずんぐりとして、肩《かた》はばが広《ひろ》く、がっちりしている。四角《しかく》い顔《かお》に、目玉《めだま》がぎょろり……その奥《おく》の

眼光《がんこう》が、多《おお》くの人《ひと》をひきつけました。

近所《きんじょ》の子《こ》どもたちのなかでは一番《ばん》の力《ちから》もちで、小吉《こきち》にかなうものはありません。

おとなまでが、小吉《こきち》の力《ちから》をたよりにするようになっていたのです。

台風《たいふう》がおそってきて、橋《はし》げたが流《なが》されたといっては、

「小吉《こきち》さんの手《て》をかしてくだせぇ。ざい木《もく》をはこんでもらいたいのでのう」

と、やってきます。また、石《いし》がきがくずされた、といっては、

「小吉《こきち》さん、石《いし》をつむの、手伝《てつだ》ってくれるかのう」

と、たのみにくるのです。

そんなとき、小吉《こきち》はいやな顔《かお》ひとつせず、とんでいって手助《てだす》けをしてあげたのでした。

たのんだ人《ひと》たちは、「お金《かね》はないが、わしらの心《こころ》だから……」といって、お礼《れい》に、お米《こめ》や、やさいをつつんで、もたせてくれたのです。

「すまないねぇ、小吉《こきち》のおかげで助《たす》かるよ」

母《はは》は、小吉《こきち》のさし出《だ》すお米《こめ》をおがむようにしてうけとり、仏前《ぶつぜん》にささげるのでした。

右腕《みぎうで》を切《き》られる

小吉《こきち》という力《ちから》もちの少年《しょうねん》がいる――小吉《こきち》の名《な》は、とおくの村《むら》にまで知《し》れわたるようになりました。ですが、小吉《こきち》より年上《としうえ》の少年《しょうねん》たちのなかには、そのことをねたむ者《もの》まであらわれました。

一二歳《さい》のときです。小吉《こきち》は、聖堂《せいどう》（藩《はん》の学校《がっこう》）での勉強《べんきょう》がおわり、いつものように、のっそりと歩《ある》きながら、家《いえ》へむかっていました。

たとえ、父《ちち》が小姓《こしょう》というひくい身分《みぶん》でも、武士《ぶし》の子《こ》は武士《ぶし》というほこりから、刀《かたな》を腰《こし》にさし、胸《むね》をはり、本《ほん》をわきにかかえ、けっしてすきをあたえるかっこうを見《み》せませんでした。

草《くさ》の生《お》い茂《しげ》った原《はら》っぱへきたとき、小吉《こきち》はとつぜん、五人《にん》の少年《しょうねん》たちにとりかこまれてしまいました。

「なにをするんだ！」

小吉《こきち》は、両足《りょうあし》を広《ひろ》げました。

からだの大《おお》きい少年《しょうねん》が、だまって足《あし》を一歩前《ぽまえ》へふみ出《だ》しました。小吉《こきち》が、その少年《しょうねん》の顔《かお》をじっと見《み》つめると、相手《あいて》も負《ま》けじと、小吉《こきち》をにらみかえしました。

（こいつは、いつも、よわい者《もの》いじめをしているやつだ）

小吉《こきち》は、とっさに思《おも》い出《だ》しました。

小吉《こきち》をとりかこんだ少年《しょうねん》たちが、つぎつぎとば声《せい》をあびせかけてきました。

――きさまは、力《ちから》をじまんしてるだろう！

――きさまは、武士《ぶし》のくせに、よそへいって、金《かね》をもらっているんだろう！

――きさまの、歩《ある》きかたが気《き》にいらん！

小吉《こきち》は、まゆをつり上《あ》げ、じっとだまっていましたが、ついに着物《きもの》のそでをまくりあげると、

「ひきょう者《もの》、名《な》をなのれ！」

と、足《あし》をふみ出《だ》しました。

「おらの名《な》は、大吉《だいきち》だよっ」

からだの大《おお》きい少年《しょうねん》が、ひややかにいいました。

小吉《こきち》は、（おいらが小吉《こきち》だから、大吉《だいきち》だと、うそをついているな）と、思《おも》いました。

「きさまの力《ちから》じまんを、たたきつぶしてやろうと思《おも》って、待《ま》っていたのさ」

大吉《だいきち》と名《な》のった少年《しょうねん》は、さやのついた刀《かたな》をふりあげて、小吉《こきち》の肩《かた》をたたこうとしました。

と、小吉《こきち》は右腕《みぎうで》を上《あ》げて自分《じぶん》を守《まも》ろうとしました。ですが小吉《こきち》の力《ちから》づよい太《ふと》い腕《うで》がさやにぶつかった、そのしゅんかん。さやがわれて、刀《かたな》の刃《は》が、小吉《こきち》の腕《うで》にくいこんできました。

「おのれっ！」

小吉《こきち》は、血《ち》がしたたる右腕《みぎうで》で、自分《じぶん》の刀《かたな》をぬこうとしましたが、ぬきおえたところで手《て》がしびれてきて、次《つぎ》の動《うご》きがとれなくなってしまいました。

小吉《こきち》を、おさえつけようと思《おも》っていただけだった、相手《あいて》の少年《しょうねん》たちも、小吉《こきち》のきずをのぞきこんで、その深《ふか》さにびっくりしてしまいました。そして、自分《じぶん》たちのてぬぐいを腰《こし》からはずすと、きず口《ぐち》に巻《ま》きはじめました。

そのころ、城下《じょうか》で刀《かたな》をぬくことは禁《きん》じられていました。もし、刀《かたな》をぬいたときは、相手《あいて》にとどめをさし、自分《じぶん》も切腹《せっぷく》する、というのが、武士《ぶし》のきまりになっていたのです。

その夜《よる》、相手《あいて》の少年《しょうねん》が、父親《ちちおや》といっしょに小吉《こきち》の家《いえ》へあやまりにやってきました。

「むすこから話《はなし》を聞《き》いたのですが、こちらからけんかをしかけたようで、まことに申《もう》しわけない。たたくつもりが、さやがわれてしまったとのこと。しかしそれは、刀《かたな》をぬいたもおなじ。むすこには切腹《せっぷく》させるので、どうかおゆるしいただきたい」

すると、小吉《こきち》の父《ちち》、吉兵衛《きちべえ》は首《くび》を横《よこ》にふりました。

「それにはおよびません。うちのむすこも、刀《かたな》をぬこうとしたようす。手《て》がしびれていなければ、つみはおなじ。このたびのケンカ、だまって胸《むね》にしまっておきましょう」

吉兵衛《きちべえ》は、むすこの手《て》のきずについては、その後《ご》、だれにも話《はな》しませんでした。

おとなになっても、西郷隆盛《さいごうたかもり》の右腕《みぎうで》がまっすぐのびなかったのは、このできごとがあったからなのです。

二百両《ひゃくりょう》の借金《しゃっきん》をせおって

(自分《じぶん》にも相手《あいて》にごかいをまねくような、おうへいな態度《たいど》が、あったのではないか)

小吉《こきち》は、右腕《みぎうで》をきずつけられた事件《じけん》のあと、反省《はんせい》するようになりました。それからは、武《ぶ》芸《げい》だけでなく、学問《がくもん》にも力《ちから》をそそぐようになりました。

小吉《こきち》は、なまえを吉之助《きちのすけ》とあらため、藩《はん》の書記《しょき》の仕事《しごと》を手伝《てつだ》うようになりました。一七歳《さい》の若《わか》さで、貧《まず》しい農民《のうみん》の相談相手《そうだんあいて》にもなったりしました。

その後《ご》も、藩《はん》の経済《けいざい》は立《た》ち直《なお》らず、西郷家《さいごうけ》も、借金《しゃっきん》だけが、しだいにふくらんでいくばかりでした。

なにしろ、祖父母《そふぼ》、両親《りょうしん》、兄妹《あにいもうと》七人《にん》の一一人家族《にんかぞく》でありながら、藩《はん》からもらえる武士《ぶし》としての給料《きゅうりょう》はほんのわずかでした。

「土地《とち》を買《か》って、はたけをたがやそうと思《おも》うのだが……」

父《ちち》の吉兵衛《きちべえ》が、吉之助《きちのすけ》に相談《そうだん》しました。

「えっ！　土地《とち》をですか？　借金《しゃっきん》もたまっているのに……」

吉之助《きちのすけ》の大《おお》きい瞳《ひとみ》が、いっしゅん、ぎょろりと光《ひか》りました。

「そうだ。借金《しゃっきん》をかえし、土地《とち》も買《か》う。そこで、吉之助《きちのすけ》もいっしょについてきてもらいたいのだ」

父《ちち》は、板垣《いたがき》さんという知《し》り合《あ》いから、二百両《ひゃくりょう》（いまのお金《かね》にすると二千万円《せんまんえん》くらい）という大金《たいきん》を借《か》り、借金《しゃっきん》をかえし、土地《とち》をたがやして、自給自足《じきゅうじそく》の生活《せいかつ》をするのだ、といいだしたのです。

吉之助《きちのすけ》は、父《ちち》のあとについて板垣家《いたがきけ》をおとずれ、父《ちち》といっしょにたたみに手《て》をつきました。

「親子《おやこ》で、おねがいにまいりました。私《わたし》も、武士《ぶし》の本分《ほんぶん》はわすれず、藩《はん》のためにつくしますが、はたけ仕事にも、精《せい》を出《だ》したいと思《おも》っております。私《わたし》の代《だい》で、借金《しゃっきん》をかえせないときには、せがれの吉之助《きちのすけ》が、その代《か》わりをつとめます……」

吉之助《きちのすけ》は、借金《しゃっきん》のかた（お金《かね》を借《か》りるときのたんぽ）として、つれてこられたのでした。

がっちりとしたからだ。将来《しょうらい》を見《み》とおしているようなぎょろりとした大《おお》きな目《め》。その奥《おく》のやさしそうな瞳《ひとみ》。れいぎ正《ただ》しい態度《たいど》。

板垣氏《いたがきし》は吉之助《きちのすけ》のからだをじっと見《み》つめていましたが、

（この少年《しょうねん》は、かならず大物《おおもの》になる。お金《かね》を貸《か》しても心配《しんぱい》ない）

「二百両《ひゃくりょう》、お貸《か》しいたしましょう」

と、腕《うで》を組《く》んで、うなずいてくれたのです。

西郷家《さいごうけ》は、父《ちち》の大《だい》たんな決断《けつだん》のおかげで、お金《かね》を借《か》り、あたらしい生活《せいかつ》をつくりだしていくことができるようになりました。

これは、のちの話《はなし》ですが、陸軍大将《りくぐんたいしょう》となった西郷隆盛《さいごうたかもり》は、「借《か》りたお金《かね》に利息《りそく》をつけ、四百両《ひゃくりょう》にして返《かえ》した」ことが、たしかめられています。

吉之助《きちのすけ》はおとなになって、隆盛《たかもり》と名《な》をあらためました。

薩摩藩主《さつまはんしゅ》の島津斉彬《しまづなりあきら》にみとめられ、江戸《えど》に出《で》ていきました。

体重《たいじゅう》一一三キロ、身長《しんちょう》一八二センチ。風格《ふうかく》があり、頭《あたま》もよく、やさしい性格《せいかく》でしたので、多《おお》くの人《ひと》に慕《した》われるようになりました。

江戸時代《えどじだい》のおわり、尊皇攘夷《そんのうじょうい》（政治《せいじ》を、幕府《ばくふ》から天皇《てんのう》の手《て》にかえし、外国人《がいこくじん》を追《お》いはらうという考《かんが》えかた）という考《かんが》えで薩摩藩《さつまはん》の中心《ちゅうしん》となり、長州藩《ちょうしゅうはん》と手《て》をむすび、幕府《ばくふ》を倒《たお》すことに成功《せいこう》したのです。

江戸城《えどじょう》あけわたしの交渉《こうしょう》を、勝海舟《かつかいしゅう》とおこない、江戸《えど》の町《まち》を戦火《せんか》から守《まも》ったことは、あまりにも有名《ゆうめい》です。

明治政府《めいじせいふ》の役人《やくにん》になりましたが、政府《せいふ》のやりかたに腹《はら》を立《た》て、鹿児島《かごしま》へもどってきてしまいました。その後《ご》、西南戦争《せいなんせんそう》で敗《やぶ》れ、自刃《じじん》（刃物《はもの》によって自分《じぶん》で自分《じぶん》の命《いのち》を絶《た》つこと）してしまいました。

『西郷隆盛』って何をした人？

（1827 〜 1877）江戸末期から明治にかけての政治家

薩摩藩《さつまはん》（いまの鹿児島県《かごしまけん》）の下級《かきゅう》武士《ぶし》の子《こ》として生《う》まれました。名《な》は吉之助《きちのすけ》。実力《じつりょく》をみとめられ一八歳《さい》で藩《はん》の政治《せいじ》にたずさわりました。江戸《えど》に出《で》ましたが意見《いけん》の対立《たいりつ》から、江戸《えど》を追《お》われました。その後《ご》、二度《ど》も島流《しまなが》しになりました。許《ゆる》されて藩《はん》にもどると、薩摩藩《さつまはん》の軍隊《ぐんたい》の指導的《しどうてき》立場《たちば》にたちました。長州藩《ちょうしゅうはん》（いまの山口県《やまぐちけん》）の桂小五郎《かつらこごろう》と手《て》をむすび薩長同盟《さっちょうどうめい》を結成《けっせい》、幕府《ばくふ》をたおすことに成功《せいこう》しました。江戸城《えどじょう》明《あ》けわたしのときには、勝海舟《かつかいしゅう》と話《はな》しあい江戸《えど》を無血開城《むけつかいじょう》させました。明治政府《めいじせいふ》ができると、政府《せいふ》の指導者《しどうしゃ》のひとりとなりましたが、岩倉具視《いわくらともみ》、大久保利通《おおくぼとしみち》らの主流派《しゅりゅうは》と意見《いけん》が対立《たいりつ》し、政府《せいふ》の職《しょく》をやめて鹿児島《かごしま》にかえりました。一八七七年《ねん》、急進派《きゅうしんは》の青年《せいねん》におされて、反政府《はんせいふ》の兵《へい》をあげましたが（西南戦争《せいなんせんそう》）、戦《たたか》いにやぶれ自害《じがい》してしまいました。

お母さんやお父さんへ

読み聞かせのための予備知識

（※年齢は満年齢で計算）

西暦	年齢	
一八二七	0	薩摩藩鹿児島城下（いまの鹿児島県鹿児島市）の下級藩士の長男に生まれる。幼名は小吉。
一八四一	14	元服して吉之助隆永と名のる。
一八五三	26	〔ペリー来航〕
一八五四	27	藩主島津斉彬について江戸へ出る。
一八五八	31	〔安政の大獄（〜一八六〇）。島津斉彬が亡くなる〕薩摩に帰る。大老井伊直弼の弾圧の手を逃れた僧月照と入水自殺を図るが、命をとりとめる。藩命で奄美大島に流刑となる。
一八六二	35	藩主島津久光により許され京に上がる。寺田屋騒動でふたたび徳之島や沖永良部島に流される。
一八六三	36	〔薩英戦争〕
一八六四	37	許されて京で藩軍の司令官に任命される。このころ勝海舟と出会い、勝の紹介で坂本龍馬

鹿児島県《かごしまけん》
1827年《ねん》に生《う》まれる。若《わか》いころから薩摩藩《さつまはん》の政治《せいじ》にたずさわる。
31歳《さい》のとき安政《あんせい》の大獄《たいごく》に巻《ま》きこまれ、金港湾《きんこうわん》で入水自殺《じゅすいじさつ》をはかるが失敗《しっぱい》。
46歳《さい》のとき明治政府《めいじせいふ》を辞《じ》してもどってくる。50歳《さい》のとき西南戦争《せいなんせんそう》を起《お》こすが敗《やぶ》れて自害《じがい》する。
京都府《きょうとふ》
37歳《さい》のとき京《きょう》の藩軍司令官《はんぐんしれいかん》として活躍《かつやく》。禁門《きんもん》の変《へん》（1864年《ねん》）では御所《ごしょ》（皇居《こうきょ》）を攻撃《こうげき》した長州藩《ちょうしゅうはん》の軍勢《ぐんぜい》を撃退《げきたい》する。
江戸城《えどじょう》
1868年《ねん》
江戸開城《えどかいじょう》
（無血開城《むけつかいじょう》）
東京都《とうきょうと》
27歳《さい》のとき薩摩藩主《さつまはんしゅ》の島津斉彬《しまづなりあきら》に随《したが》い江戸《えど》に出《で》る。
41歳《さい》のとき勝海舟《かつかいしゅう》と会談《かいだん》して江戸開城《えどかいじょう》を成功《せいこう》させた（無血開城《むけつかいじょう》）。江戸城《えどじょう》の総攻撃《そうこうげき》が回避《かいひ》され、江戸《えど》の町《まち》は戦火《せんか》にのまれる危機《きき》を脱《だっ》した。
奄美群島《あまみぐんとう》
31歳《さい》のとき奄美大島《あまみおおしま》に流《なが》される。35歳《さい》のとき一度《いちど》は許《ゆる》されるが再《ふたた》び流《なが》され、37歳《さい》までの2年間《ねんかん》を徳之島《とくのしま》と沖永良部島《おきのえらぶじま》で過《す》ごす。

を知る。

一八六六	39	長州藩の桂小五郎と薩長連合（同盟）を結ぶ。
一八六七	40	〔大政奉還〕
一八六八	41	〔明治維新。戊辰戦争〕東征大総督府の参謀として勝海舟と会談し、江戸開城を実現する（無血開城）。上野彰義隊を討伐。
一八七一	44	明治政府の参議になる。廃藩置県を断行、岩倉使節団にともなう留守政府を主導する。官制・軍制の改革、警察制度の整備をおこなう。
一八七三	46	朝鮮問題をめぐって内地優先派と対立（征韓論争）。参議を辞して鹿児島に戻る（明治六年の政変）。
一八七四	47	西郷を慕って鹿児島に集まった士族たちのために私学校を設ける。
一八七六	49	〔廃刀令。各地で士族の反乱が起きる〕
一八七七	50	廃刀令に反発した士族子弟に推されて西南戦争を起こす。七か月間の戦いの後、鹿児島の城山で自害する。

●あたらしい日本《にほん》のために活《かつ》やくした

坂本龍馬《さかもとりょうま》

泣《な》き虫《むし》、よわ虫《むし》

「あたらしい時代《じだい》の波《なみ》が、うちよせてきている。このまま、じっとしてはいられない」

江戸《えど》時代《じだい》のおわりのころ、目《め》をかがやかせて日本《にほん》を見《み》つめた、たくましい男《おとこ》がいました。

その人《ひと》こそ、坂本龍馬《さかもとりょうま》なのです。


龍馬《りょうま》は、心《こころ》のやさしい子《こ》どもでしたが、よわ虫《むし》でいつもいじめられていました。

「なんで、泣《な》いているんだい？」

龍馬《りょうま》は、夕方遊《ゆうがたあそ》びから帰《かえ》ってくると、きまって、なみだを両目《りょうめ》いっぱいにためていたのです。

母《はは》も、龍馬《りょうま》の泣《な》き虫《むし》には、ほとほとあきれてしまいました。

「うらのやぶで遊《あそ》んでいたら、三吉《さんきち》にカエルをくっつけられた」

「もう、おまえも七歳《さい》なんだから、カエルぐらいのことで、なきべそなんかかくんじゃないよ。手《て》でつかみとってやればいい」

「だって、ふみつぶせっていうんだもん。おれにはできないよ」

龍馬《りょうま》の目《め》からなみだが流《なが》れました。

母《はは》は、そのあと、なにもいいませんでした。

「泣《な》くのなら、遊《あそ》ぶな！」

父《ちち》がつよい口調《くちょう》でしかりました。

龍馬《りょうま》は、一八三五（天保《てんぽう》六）年《ねん》、土佐藩《とさはん》（いまの高知県《こうちけん》）で、坂本八平《さかもとはっぺい》の五番目《ばんめ》の子《こ》として生《う》まれました。父《ちち》は武士《ぶし》でした。しかし、武士《ぶし》といっても、身分《みぶん》のひくい「郷士《ごうし》」だったのです。そのころは、身分《みぶん》のくべつがはっきりしていて、刀《かたな》をさしていても、郷士《ごうし》は武士《ぶし》にペコペコと頭《あたま》をさげなければならなかったのです。また、郷士《ごうし》は、生活《せいかつ》していくために農作業《のうさぎょう》もしなければなりませんでした。

「つよい子《こ》になってもらいたくて、いさましいなまえをつけたのになあ」

「これでは、龍《りゅう》ではなくて、毛虫《けむし》ですね」

父《ちち》と母《はは》は、いつも、泣《な》かされてばかりいる龍馬《りょうま》を心配《しんぱい》していました。

龍馬《りょうま》というなまえがつけられたのは、おなかに子《こ》どもができたとわかったときに、母《はは》が「龍《りゅう》がおなかにはいってくるゆめ」をみたのです。

そして父《ちち》は、子《こ》どもが生《う》まれる日《ひ》に「馬《うま》が天《てん》にかけあがっていくゆめ」をみたというのです。

「ふたりのゆめを、子《こ》どものなまえにしよう。龍《りゅう》と馬《うま》、なかなかいいじゃないか」

こうして、龍馬《りょうま》と名《な》づけられたのでした。

龍馬《りょうま》には兄《あに》が一人《ひとり》、姉《あね》が三人《にん》いました。四番目《ばんめ》の子《こ》、三歳年上《さいとしうえ》の乙女《おとめ》ねえさんは、龍馬《りょうま》の泣《な》き虫《むし》を、いつも気《き》にかけていました。

龍馬《りょうま》が、野原《のはら》でわんぱく少年《しょうねん》たちに、いじめられているところを見《み》つけると、

「この、悪《わる》がきども！」

と、手《て》をふり上《あ》げて追《お》い返《かえ》し、助《たす》けてくれていたのです。

乙女《おとめ》ねえさんは、母《はは》にいいました。

「龍馬《りょうま》がよわいのは、下《した》の子《こ》だからといって、あまやかしすぎるからじゃない。夜《よる》におねしょをするのも、ひるま、からだを動《うご》かさないからよ。すこし、わたしにまかせてくれない？」

母《はは》は、龍馬《りょうま》のしつけを、乙女《おとめ》にまかせてみようと思《おも》いました。

その日《ひ》から、龍馬《りょうま》には、ふろの水《みず》くみ、ぞうきんがけ、まきわり、庭《にわ》そうじ……と、仕事《しごと》が、命《めい》じられることになりました。

「もうつかれたよ」

七歳《さい》の龍馬《りょうま》は、ふっとため息《いき》をもらし、すわりこみました。すると、乙女《おとめ》ねえさんの、きびしいことばが、耳《みみ》にとびこんできました。

「おとこは、からだをきたえなくてはだめ！」

川《かわ》でおぼれる

「つよい子《こ》になるには、まい日筋肉《にちきんにく》をきたえなくてはだめ。それには、およぎがいちばん……」

八歳《さい》になった龍馬《りょうま》は、乙女《おとめ》ねえさんといっしょに、近《ちか》くの川《かわ》へむかいました。

「きょうは、梅雨《つゆ》のあとで水《みず》がつめたいけれど、だいじょうぶかねぇ」

母《はは》のほうが、心配《しんぱい》し、ハラハラしています。

「こういうときに、川《かわ》にはいれる子《こ》が、たくましくなるのよ」

龍馬《りょうま》は、姉《あね》のあとを、うつむきながら、しぶしぶついていきます。

青《あお》あおと広《ひろ》がる、田《た》んぼのあぜみちをぬけると、はばのせまい川《かわ》に出《で》ました。

「つめたいよ」

水《みず》を手《て》ですくって、肩《かた》にかけながら、龍馬《りょうま》はからだをぶるっと、ふるわせました。それから、そっと足《あし》を水《みず》につけました。

「いつもより、深《ふか》いよ」

このところの雨《あめ》で、水《みず》かさがましていたのです。深《ふか》さは、龍馬《りょうま》のへそのあたりまでありました。

それでも、乙女《おとめ》ねえさんは、すました顔《かお》をしていました。

「龍馬《りょうま》は、およげるようになったのだから、だいじょうぶ……カエルおよぎ（ひらおよぎ）で流《なが》れてごらん」

龍馬《りょうま》は手《て》を大《おお》きくひらいて水《みず》を切《き》ります。川《かわ》のながれはいつもよりはやいようです。

乙女《おとめ》ねえさんは、龍馬《りょうま》とおなじはやさで、川《かわ》のほとりのあぜみちを走《はし》っていきます。

とつぜん、龍馬《りょうま》はおよぐ手《て》をとめて、立《た》ちあがろうとしました。ところが、足《あし》が川底《かわぞこ》につきません。

声《こえ》も出《で》ません。ただ、手《て》をばたつかせるばかりです。

……わあっ！　ぎゃっ！

ちかくで遊《あそ》んでいた子《こ》どもたちが、龍馬《りょうま》のひめいにおどろいて、かけつけました。

乙女《おとめ》ねえさんは、着物《きもの》のおびをほどくと、龍馬《りょうま》めがけてなげました。

しっぱい。二度《ど》、三度《ど》……龍馬《りょうま》はやっと、おびのはしをつかむことができました。

龍馬《りょうま》の顔《かお》はまっ青《さお》です。口《くち》びるが、ぶるぶるとふるえています。

「でも、すごいな。この川《かわ》の中《なか》をおよげたんだから」

心配《しんぱい》そうに龍馬《りょうま》をとりかこんでいた、わんぱく少年《しょうねん》たちは、おどろいてしまいました。

「死《し》ぬかと思《おも》った」

しばらくして、龍馬《りょうま》は首《くび》をふって、しずくをふりはらうと、ポツリといいました。

「おとこはね、一度《ど》や、二度《ど》くらい、おぼれかけたほうがいいんだ。そうして、つよくなっていくんだから……」

乙女《おとめ》ねえさんは、心《こころ》の中《なか》では、ほっとしながらも、子《こ》どもたちの前《まえ》では、大《おお》きな声《こえ》でつよがりをいってみせたのです。

（一度《ど》や、二度《ど》おぼれかけたほうがいい……）

このことばは、龍馬《りょうま》の胸《むね》の奥《おく》に、深《ふか》くしみこんでいきました。

この日《ひ》のできごとがあってから、龍馬《りょうま》はまるで生《う》まれかわったように、生活態度《せいかつたいど》がかわっていったのです。

村《むら》の子《こ》どもたちのあいだでも、

「龍馬《りょうま》は、深《ふか》い川《かわ》でおよいだんだぞ」

「このごろは、泣《な》かなくなったぞ」

「ヘビも、こわがらなくなった」

と、うわさされ、そのうちに、龍馬《りょうま》をいじめることをやめてしまいました。

わずか二年《ねん》で、からだつきもしっかりとしてきました。

秋《あき》は、山《やま》で木《き》のぼりをしたり、冬《ふゆ》は、剣道《けんどう》で汗《あせ》を流《なが》したりしました。


龍馬《りょうま》が一二歳《さい》になったとき、母《はは》がこの世《よ》を去《さ》ってしまいました。

乙女《おとめ》ねえさんが、母《はは》のやくめも、はたさなければなりません。

「これからは、からだがつよいだけでは、世《よ》の中《なか》をわたっていけない。塾《じゅく》へ行《い》って、学問《がくもん》を身《み》につけなさい」

乙女《おとめ》ねえさんは、つよい口調《くちょう》で命《めい》じました。

あたらしい国《くに》づくりのために

土佐《とさ》の浜辺《はまべ》に、黒潮《くろしお》の波《なみ》がうちよせてきます。

龍馬《りょうま》は、光《ひか》りかがやく海《うみ》をながめるのがすきでした。

「土佐《とさ》の国《くに》だけにいては、考《かんが》えもせまくなる。もっともっと、広《ひろ》い世界《せかい》にふみ出《だ》さなければ、自分自身《じぶんじしん》がうずもれてしまう」

龍馬《りょうま》にとって、海《うみ》をながめることは、自分《じぶん》のみらいを、見《み》つめることでもありました。

一四歳《さい》になった龍馬《りょうま》は、塾《じゅく》でならった学問《がくもん》を、海《うみ》にむかって、なんどもさけびつづけては、しっかりとたしかめていたのです。

「きょうも、龍馬《りょうま》が、漢詩《かんし》をさけんでいるぞ」

「おれたちがちかづいても、しらん顔《かお》だ」

かつてのいじめっ子《こ》たちも、いまでは龍馬《りょうま》をおそれるようにさえなりました。

龍馬《りょうま》のさけび声《ごえ》が波《なみ》の音《おと》とからみあって、浜辺《はまべ》を走《はし》っていくようでした。

もう、むかしのような、よわ虫龍馬《むしりょうま》ではありません。

学問《がくもん》と、剣道《けんどう》で、心《こころ》もからだもしっかりし、自分《じぶん》の考《かんが》えも、はっきりともつようになった

からです。

「父上《ちちうえ》、姉上《あねうえ》、おねがいです。龍馬《りょうま》を江戸《えど》へ出《だ》していただけませんか」

一八歳《さい》になったとき、龍馬《りょうま》は、父《ちち》の前《まえ》で頭《あたま》をさげました。

「もくてきは、何《なん》だ？」

「ほんかくてきに、剣術《けんじゅつ》を身《み》につけたいのです。それに、変《か》わりつつある日本《にほん》の国《くに》のことを、もっと知《し》りたいのです」

龍馬《りょうま》は、ぐっとひざをのりだしました。

まだ、鉄道《てつどう》もない時代《じだい》。土佐《とさ》から江戸《えど》へ出《で》ることは、たいへんなことでした。

「よし、わかった。江戸《えど》へ行《い》って、大《おお》きくなってこい」

父《ちち》は、ゆるしてくれました。

一八五三（嘉永六《かえい》）年《ねん》三月《がつ》、龍馬《りょうま》は江戸《えど》へ出《で》て、千葉貞吉《ちばていきち》の門下生《もんかせい》になりました。

その年《とし》の六月《がつ》には、アメリカの軍艦《ぐんかん》が、日本《にほん》へやってきました。司令長官《しれいちょうかん》のペリーは、大《だい》統領《とうりょう》の手紙《てがみ》をもってきて、「鎖国政策《さこくせいさく》をやめて、国《くに》をひらきなさい」と、日本《にほん》にせまってきました。

日本《にほん》じゅうが、大《おお》さわぎになりました。

（世界《せかい》は、たしかに動《うご》きはじめている。一日《にち》一日《にち》が勝負《しょうぶ》なのだ）

江戸《えど》に出《で》た龍馬《りょうま》は、はげしい時《とき》のながれを、自分《じぶん》のはだで感《かん》じとりました。

「あたらしい国《くに》をつくりだすために、自分《じぶん》なりに、行動《こうどう》してみよう」

それからの龍馬《りょうま》は、日本《にほん》のために、東《ひがし》へ西《にし》へとびまわり、国《くに》づくりの土台《どだい》をかためていったのです。

『坂本龍馬』って何をした人？

（1835 ～ 1867）幕末の志士

土佐国《とさのくに》（いまの高知県《こうちけん》）の下級《かきゅう》武士《ぶし》の子《こ》として生《う》まれました。一八歳《さい》で江戸《えど》に出《で》て、千葉《ちば》周作《しゅうさく》の道場《どうじょう》で剣術《けんじゅつ》をならいました。そのころ、ペリーが率《ひき》いる黒船《くろふね》が日本《にほん》にやってきたことに衝撃《しょうげき》をうけました。一度土佐《どとさ》にもどりましたが、脱藩《だっぱん》し、ふたたび江戸《えど》に出《で》て勝海舟《かつかいしゅう》の門下《もんか》生《せい》となり、航海術《こうかいじゅつ》などをまなびました。「いまのままでは日本《にほん》は外国《がいこく》に勝《か》てない」ことを知《し》り、広《ひろ》い目《め》で世界《せかい》を見《み》るようになりました。また、のちに「海援隊《かいえんたい》」となる「亀山社中《かめやましゃちゅう》」をつくりました。西郷隆盛《さいごうたかもり》の薩摩藩《さつまはん》と長州藩《ちょうしゅうはん》の手《て》をむすばせて、「船中八策《せんちゅうはっさく》」という新《あたら》しい国家体制《こっかたいせい》についての構想《こうそう》をねり、議会《ぎかい》や憲法《けんぽう》をつくることを提案《ていあん》しました。大政奉還《たいせいほうかん》も成功《せいこう》させました。ところが京都《きょうと》で、中岡慎太郎《なかおかしんたろう》と会談中《かいだんちゅう》に暗殺《あんさつ》されてしまいました。

お母さんやお父さんへ

読み聞かせのための予備知識

西暦	年齢	（※年齢は満年齢で計算）
一八三五	0	土佐国土佐郡（いまの高知県高知市）に郷士坂本家の次男として生まれる。名は直陰、龍馬は通称。
一八四六	11	母が亡くなる。楠山塾で漢学を学ぶ。
一八四八	13	剣柔術の小栗流和兵法を学ぶ。
一八五三	18	剣術修行のため江戸に出て千葉定吉道場に入門する。〔ペリー来航〕
一八五四	19	蘭学・兵学者の佐久間象山の私塾に入門する。土佐に帰る。
一八五六	21	父が亡くなる。ふたたび江戸に出て剣術修行をする。
一八五八	23	千葉定吉道場から「北辰一刀流長刀兵法目録」を伝授される。土佐に帰る。
一八六一	26	尊王攘夷を掲げる土佐勤王党に参加する。

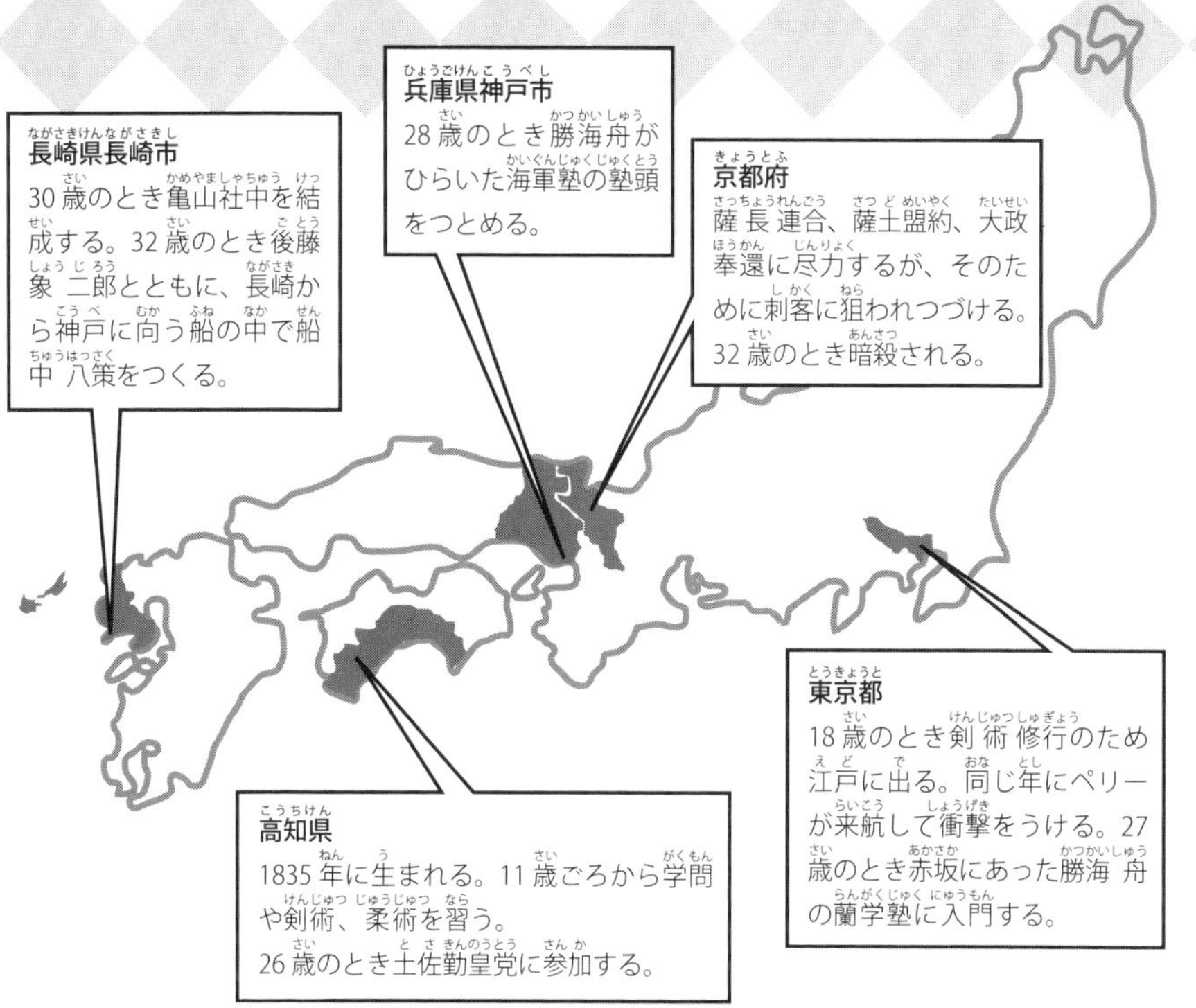
長崎県長崎市《ながさきけんながさきし》
30歳《さい》のとき亀山社中《かめやましゃちゅう》を結《けっ》成《せい》する。32歳《さい》のとき後藤《ごとう》象二郎《しょうじろう》とともに、長崎《ながさき》から神戸《こうべ》に向《むか》う船《ふね》の中《なか》で船《せん》中八策《ちゅうはっさく》をつくる。
兵庫県神戸市《ひょうごけんこうべし》
28歳《さい》のとき勝海舟《かつかいしゅう》がひらいた海軍塾《かいぐんじゅく》の塾頭《じゅくとう》をつとめる。
京都府《きょうとふ》
薩長連合《さっちょうれんごう》、薩土盟約《さつどめいやく》、大政《たいせい》奉還《ほうかん》に尽力《じんりょく》するが、そのために刺客《しかく》に狙《ねら》われつづける。32歳《さい》のとき暗殺《あんさつ》される。
東京都《とうきょうと》
18歳《さい》のとき剣術修行《けんじゅつしゅぎょう》のため江戸《えど》に出《で》る。同《おな》じ年《とし》にペリーが来航《らいこう》して衝撃《しょうげき》をうける。27歳《さい》のとき赤坂《あかさか》にあった勝海舟《かつかいしゅう》の蘭学塾《らんがくじゅく》に入門《にゅうもん》する。
高知県《こうちけん》
1835年《ねん》に生《う》まれる。11歳《さい》ごろから学問《がくもん》や剣術《けんじゅつ》、柔術《じゅうじゅつ》を習《なら》う。
26歳《さい》のとき土佐勤皇党《とさきんのうとう》に参加《さんか》する。

一八六二	27	脱藩。江戸で勝海舟の門下生になる。
一八六三	28	勝の尽力で脱藩を許される。神戸海軍操練所と神戸海軍塾が設置され、海軍塾の塾頭になる。
一八六四	29	帰国命令を無視してふたたび脱藩する。
一八六五	30	薩摩藩の援助で長崎に海軍や商社的な性格を持った浪士結社の亀山社中を結成する。〔神戸海軍操練所廃止〕
一八六六	31	西郷隆盛と桂小五郎の会談を仲介し、薩長連合（同盟）が成立する。京の伏見寺田屋で襲撃され負傷する。
一八六七	32	亀山社中を海援隊と改称する。新しい国のあり方を示した船中八策をつくる。薩摩藩との薩土盟約や大政奉還にも尽力し、明治維新に大きく貢献する。ライフル銃を購入する。京の近江屋で中岡慎太郎とともに暗殺される。
一八六八		〔明治維新〕

●天《てん》は人《ひと》の上《うえ》に人《ひと》をつくらず

福沢諭吉《ふくざわゆきち》

一万円札《まんえんさつ》の顔《かお》

みなさんは、一万円札《まんえんさつ》に印刷《いんさつ》されている人物《じんぶつ》の顔《かお》を、じっくりと見《み》たことがありますか。一万円札《まんえんさつ》の顔《かお》、それが福沢諭吉《ふくざわゆきち》です。諭吉《ゆきち》は、明治時代《めいじじだい》のはじめごろの教育者《きょういくしゃ》であり、思想家《しそうか》であり、また、慶応義塾大学《けいおうぎじゅくだいがく》の創設者《そうせつしゃ》でもあるのです。

福沢諭吉《ふくざわゆきち》は一八三四（天保五《てんぽう》）年《ねん》、大阪《おおさか》で生《う》まれました。諭吉《ゆきち》の父《ちち》、百助《ひゃくすけ》は中津藩《なかつはん》（いまの大分県《おおいたけん》）の下級武士《かきゅうぶし》でした。とても頭《あたま》が良《よ》かったことから、藩《はん》の会計《かいけい》というじゅうような役目《やくめ》をいいつかって、大阪《おおさか》にある中津藩《なかつはん》の蔵屋敷《くらやしき》につとめていました。

ところが、そのころはまだ、身分《みぶん》の差別《さべつ》がはげしかったものですから、どんなにおもい役《やく》目《め》についていても、また、どんなにたくさん仕事《しごと》をしていても、下級武士《かきゅうぶし》としての安《やす》い給料《きゅうりょう》しかもらえませんでした。

父《ちち》の百助《ひゃくすけ》は、諭吉《ゆきち》が二歳《さい》のときに倒《たお》れ、帰《かえ》らぬ人《ひと》となってしまいました。

諭吉《ゆきち》には、一一歳《さい》もはなれている兄《あに》と、姉《あね》が三人《にん》いました。

母《はは》は子《こ》どもたちをつれて中津《なかつ》にもどり、家計《かけい》をきりつめて、つつましい生活《せいかつ》を送《おく》りながら、子育《こそだ》てにはげんでいました。身分《みぶん》はひくくても、武士《ぶし》の家《いえ》がらでは、武士《ぶし》の子《こ》としてのほこりをもって、学問《がくもん》や武道《ぶどう》にはげまなければなりません。しかし、諭吉《ゆきち》の家《いえ》にはそんな経済的《けいざいてき》なよゆうはありませんでした。

諭吉《ゆきち》は、一〇歳《さい》ごろからは懸命《けんめい》に家《いえ》の中《なか》のそうじをしたり、まきをわったり、買《か》いものに行《い》ったりと、母《はは》の手伝《てつだ》いをしていました。

生活《せいかつ》に追《お》われていたので、あまり近所《きんじょ》の子《こ》どもたちと遊《あそ》ばなかったものですから、武士《ぶし》の子《こ》どもたちは、諭吉《ゆきち》とすれちがうたびに、

「ほら、まきわり武士《ぶし》が通《とお》るぞ」

「刀《かたな》をふらなきゃ、つよくならんぞ」

と、からかいました。

負《ま》けずぎらいの諭吉《ゆきち》は、相手《あいて》をにらみつけ、石《いし》をひろって投《な》げようとしました。すると、

「武士《ぶし》のくせに、ひきょうだぞ！」

と、ますますはやしたてるのです。

そうしたできごとを母《はは》に話《はな》すと、

「あなたは、なにも悪《わる》いことをしていないのです。だから、ひとつも気《き》にすることはありま

せん。むしろ、そんなことを気《き》にするほうが、さわぎたてる人間《にんげん》より、もっと恥《は》ずかしいことだと思《おも》いますよ」

と、さとすのでした。

諭吉《ゆきち》は、そのころから、（おなじ人間《にんげん》なのに、どうして上下《じょうげ》のへだたりがあったり、びんぼう人《にん》がばかにされたりするんだろう）と、考《かんが》えるようになりました。

母《はは》は、おさないときに父《ちち》をなくした諭吉《ゆきち》が、けっして曲《まが》った道《みち》に進《すす》むことがないようにと心《こころ》をくだいていました。ときおり兄《あに》の三之助《さんのすけ》をよんでは、

「諭吉《ゆきち》のしつけは、わたくしがしっかりやりますから、学問《がくもん》のほうは、三之助《さんのすけ》がお父《とう》さんのかわりになって、教《おし》えてあげてください」

と、たのんでいたのです。

そのころ、兄《あに》の三之助《さんのすけ》はお城《しろ》づとめをしていました。

三之助《さんのすけ》は、世《よ》の中《なか》の動《うご》きや、知識《ちしき》や、情報《じょうほう》をたくさんつかんでいたものですから、機会《きかい》あるごとに、弟《おとうと》の諭吉《ゆきち》に、それとなく伝《つた》えていたのです。

諭吉《ゆきち》が、近所《きんじょ》の子《こ》どもたちと言《い》いあらそいをしたときなども、兄《あに》は漢文《かんぶん》の本《ほん》をひろげながら、「よろこびも、いかりも、顔色《かおいろ》にあらわすな」ということばについて教《おし》えたのでした。

「だれかにほめられても、すぐに顔《かお》をくずしてよろこんではいけない。まず、そのまえに、そのよろこびをかみしめることだ。また、だれかにばかにされても、そのいかりをすぐに顔《かお》に出《だ》してはいけない。相手《あいて》をばかにする人間《にんげん》がいたら、『そんなことしか言《い》えない、かわいそうな人《ひと》だ』と思《おも》うくらいの、広《ひろ》い心《こころ》をもって歩《あゆ》んで行《い》くことだ」

本《ほん》は人《ひと》の心《こころ》を変《か》える

一五歳《さい》になった諭吉《ゆきち》は、塾《じゅく》へも通《かよ》い、本格的《ほんかくてき》に勉強《べんきょう》をはじめました。

「空《そら》の色《いろ》は、きのうとおなじ青《あお》い色《いろ》だが、世《よ》の中《なか》の色《いろ》は、すこしずつ変《か》わってきている。その色《いろ》を見《み》のがしてはいけないぞ」

兄《あに》の三之助《さんのすけ》は、縁台《えんだい》に腰《こし》をおろしたときなど、諭吉《ゆきち》に世《よ》の中《なか》の変化《へんか》について、たんたんと語《かた》るのでした。

「これからは、学問《がくもん》の時代《じだい》だ。学問《がくもん》をしっかり身《み》につけた人間《にんげん》が、高《たか》く評価《ひょうか》されるときがくる。それには、一冊《さつ》でも多《おお》くの本《ほん》を読《よ》んでおくことだな」

諭吉《ゆきち》は、塾《じゅく》で猛勉強《もうべんきょう》しました。ですから、武士《ぶし》の仲間《なかま》たちの中《なか》でも一番《ばん》になるほどでした。

諭吉《ゆきち》に負《ま》けた仲間《なかま》たちは、

「いくら頭《あたま》が良《よ》くても、下級武士《かきゅうぶし》の子《こ》は、そこまでさ……」

と、かげ口《ぐち》をたたいていましたが、負《ま》けずぎらいの諭吉《ゆきち》は、（いまにみていろ！）と、心《こころ》の底《そこ》で燃《も》えるものを感《かん》じていたのです。

ある日《ひ》、諭吉《ゆきち》が塾《じゅく》から帰《かえ》ってくると、兄《あに》の三之助《さんのすけ》が本《ほん》の整理《せいり》をしていました。

諭吉《ゆきち》は、なんの気《き》なしに、本《ほん》の上《うえ》をまたいで、通《とお》ってしまいました。

「諭吉《ゆきち》、待《ま》てっ！　なんだ、その態度《たいど》は……！」

いつにない、兄《あに》のきびしい声《こえ》が、耳《みみ》につきささってきました。

諭吉《ゆきち》は、いっしゅん、なんのことだかわからないで、兄《あに》の顔《かお》を見《み》つめました。

「いま、本《ほん》をまたいだだろう」

「はぁ……？」

「はあ、ではない。本《ほん》の上《うえ》を、またいで通《とお》っただろう、と聞《き》いているのだ」

兄《あに》の強《つよ》い声《こえ》に、諭吉《ゆきち》はハッとしました。

兄《あに》は諭吉《ゆきち》を正座《せいざ》させると、きびしい顔《かお》で、こんこんとさとすのでした。

「いま、おまえは塾《じゅく》へ通《かよ》っている。いったい何《なん》のために通《かよ》っているんだ。勉強《べんきょう》して、世《よ》の中《なか》

のためにつくしたいと思《おも》っているのだろう。そのために、たくさんの知識《ちしき》をうえつけてくれるのが書物《しょもつ》だ。そのことを忘《わす》れてはいけない。本《ほん》をまたいでも、痛《いた》くもなんともない。ただ、わたしが残念《ざんねん》に思《おも》うことは、おまえが無神経《むしんけい》に本《ほん》をまたいで通《とお》るという心《こころ》であり、真剣《しんけん》さが足《た》りないことに腹《はら》が立《た》つのだ！」

諭吉《ゆきち》は、背《せ》を丸《まる》めちいさくなって、うなずいていました。

兄《あに》は、さらにたたみかけてきました。

「書物《しょもつ》にあらわされたことばは、人《ひと》の心《こころ》を変《か》えるほどの大《おお》きい力《ちから》をもっている。本《ほん》をだいじにしないのは、ことばをそまつにしているのと、おなじことなのだ」

それからというもの、諭吉《ゆきち》は本《ほん》をだいじにあつかい、また本《ほん》にあらわされている一文字《ひともじ》や語句《ごく》をかみしめるようになりました。漢文《かんぶん》の意味《いみ》がわかってくると、勉強《べんきょう》はいっそうたのしいものになってきました。

それからというもの、いままでは、塾《じゅく》でしか本《ほん》をひらかなかったのに、たえず本《ほん》を着物《きもの》のふところに入《い》れて持《も》ち歩《ある》き、ひまを見《み》つけては、読書《どくしょ》にふけるようになったのです。

「諭吉《ゆきち》も、漢文《かんぶん》の力《ちから》がかなり身《み》についてきたようだなあ。でも、これからの世《よ》は、蘭学《らんがく》（オランダ語《ご》での学問《がくもん》）の時代《じだい》だ。ひとつ長崎《ながさき》へ出《で》て、勉強《べんきょう》してみる気《き》はないか？」

諭吉《ゆきち》が二十歳《はたち》になった年《とし》に、三之助《さんのすけ》は諭吉《ゆきち》に長崎行《ながさきい》きをすすめてみました。

そのころ、日本《にほん》は鎖国《さこく》といって、外国《がいこく》との交流《こうりゅう》を制限《せいげん》していました。ゆいいつ、長崎《ながさき》の出島《でじま》というところで、オランダや中国《ちゅうごく》などとの交流《こうりゅう》をゆるしていたのです。ですから、西洋《せいよう》の文化《ぶんか》は、オランダ語《ご》によってだけ、はいってきていたのです。

（長崎《ながさき》へ行《い》けば、べつの角度《かくど》からあたらしい世界《せかい》が見《み》えてくるかもしれない）

そう思《おも》った諭吉《ゆきち》は、兄《あに》のことばをよろこんで受《う》けいれました。

「兄上《あにうえ》、おねがいです。長崎《ながさき》へつれていってください」

『学問《がくもん》のススメ』をあらわす

諭吉《ゆきち》は胸《むね》をときめかせて長崎《ながさき》へむかいました。

長崎《ながさき》には、中津藩《なかつはん》の家老《かろう》のむすこ、奥平壱岐《おくだいらいき》も勉強《べんきょう》しに行《い》っていました。

そこで諭吉《ゆきち》はかれをたずねて、お寺《てら》の一室《いっしつ》を世話《せわ》してもらい、そこで生活《せいかつ》しながらオランダ語《ご》の勉強《べんきょう》にはげみました。

諭吉《ゆきち》は、長崎《ながさき》のゆったりとしたおおらかな空気《くうき》にふれるにつけ、せまい中津藩《なかつはん》の中《なか》で、人《ひと》の顔色《かおいろ》をうかがいながら、こせこせと生活《せいかつ》している人《ひと》たちが、あわれに感《かん》じられるようになりました。と同時《どうじ》に、自分《じぶん》も、そのような人間《にんげん》だったのかと思《おも》うと、恥《は》ずかしくさえなってきたのでした。

まもなく諭吉《ゆきち》は、砲術家《ほうじゅつか》の山本覚馬《やまもとかくま》に見込《みこ》まれて、山本家《やまもとけ》の書生《しょせい》として働《はたら》くことになりました。頭《あたま》は良《よ》い、武術《ぶじゅつ》は達者《たっしゃ》、性格《せいかく》は明《あか》るい……ということで、山本先生《やまもとせんせい》は諭吉《ゆきち》に、

「うちの養子《ようし》になってくれないか」

と、たのみこむほどでした。

諭吉《ゆきち》が蘭学《らんがく》をどんどん身《み》につけていくのにくらべて、家老《かろう》のむすこ奥平壱岐《おくだいらいき》は遊《あそ》んでばかりいるので、いっこうに学問《がくもん》が身《み》につきません。

諭吉《ゆきち》の評判《ひょうばん》が高《たか》まっていくのを、壱岐《いき》はねたみはじめました。それだけではありません。父《ちち》が家老《かろう》だということを利用《りよう》して、諭吉《ゆきち》を故郷《こきょう》の中津《なかつ》へ帰《かえ》してしまう、いんしつな工作《こうさく》まではじめたのです。

そのころはまだ身分制度《みぶんせいど》がきびしく、けっして主人《しゅじん》にさからうことなどできませんでした。

「ひきょうなやつだ。いまはだまって身《み》を引《ひ》くけれど、いつかは見返《みかえ》してやるぞ！」

諭吉《ゆきち》の負《ま》けじ魂《だましい》がめらめらと燃《も》えはじめました。故郷《こきょう》へもどらず、江戸《えど》へ出《で》て勉強《べんきょう》しようと考《かんが》えました。

そこで諭吉《ゆきち》は、いまは大阪《おおさか》で仕事《しごと》をしている兄《あに》をたずね、相談《そうだん》にのってもらうことにしました。

「そうだったのか。奥平壱岐《おくだいらいき》が、そんなに心《こころ》のせまい人間《にんげん》とは思《おも》わなかった。それでは大阪《おおさか》で勉強《べんきょう》したらどうだ。ここにも緒方洪庵先生《おがたこうあんせんせい》という、立派《りっぱ》なお方《かた》がおられるのだから……」

諭吉《ゆきち》は、緒方洪庵《おがたこうあん》の適塾《てきじゅく》をたずね、入門《にゅうもん》させてもらいました。

そして二年後《ねんご》、塾長《じゅくちょう》として上級武士《じょうきゅうぶし》の子《こ》を教《おし》えるまでに成長《せいちょう》したのです。

中津藩《なかつはん》にいた時代《じだい》に、下級武士《かきゅうぶし》の子《こ》として差別《さべつ》され、ののしられてきた諭吉《ゆきち》は、塾長《じゅくちょう》になってもけっしてえらぶったりはしませんでした。

（時代《じだい》は動《うご》いている。もう、オランダの時代《じだい》は終《お》わるかもしれない。アメリカやイギリスへ渡《わた》って、あたらしい学問《がくもん》を身《み》につけてこよう。これからは英語《えいご》の時代《じだい》だ！）

諭吉《ゆきち》は、二六歳《さい》（一八六〇年《ねん》）のときに、勝海舟《かつかいしゅう》らとともに、咸臨丸《かんりんまる》に乗《の》ってアメリカへ渡《わた》りました。そこで、たくさんの原書《げんしょ》や辞書《じしょ》を買《か》いもとめました。

二年後《ねんご》には、フランス、イギリス、オランダ、ドイツなど六か国《こく》をまわり、見聞《けんぶん》を広《ひろ》めてきたのです。そして、日本《にほん》の人《ひと》びとにあたらしい世界《せかい》の動《うご》きを知《し》らせるために、『西洋事情《せいようじじょう》』という本《ほん》を書《か》いて、西洋文明《せいようぶんめい》を紹介《しょうかい》しました。

諭吉《ゆきち》はいつも「社会《しゃかい》の根本《こんぽん》は政治《せいじ》にある。政治《せいじ》の底《そこ》には理想《りそう》がなければならない」と、考《かんが》えていました。

その後《ご》、諭吉《ゆきち》は江戸《えど》に塾《じゅく》をひらきました。一八六八（明治元《めいじがん》）年《ねん》には、その塾《じゅく》の名《な》を慶応《けいおう》義塾《ぎじゅく》とあらためました。

そして、その四年後《ねんご》『学問《がくもん》のススメ』という本《ほん》を書《か》いたのです。

「天《てん》は人《ひと》の上《うえ》に人《ひと》をつくらず、人《ひと》の下《した》に人《ひと》をつくらず……」

あの有名《ゆうめい》な書《か》き出《だ》しの文章《ぶんしょう》です。

（わたしは、下《した》にいた人《ひと》たちを、たいせつにしたい。あたらしい日本《にほん》は、上下《じょうげ》の差別《さべつ》をなくすことから出発《しゅっぱつ》しなければいけない）

身分差別《みぶんさべつ》にいきどおりを感《かん》じていた諭吉《ゆきち》は、理想《りそう》をかかげ、あたらしい日本《にほん》の教育《きょういく》に立《た》ち上《あ》がったのでした。

『福沢諭吉』って何をした人？

（1834～1901）明治の思想家・教育者

豊前国中津藩《ぶぜんのくになかつはん》（いまの大分県《おおいたけん》）の下級武士《かきゅうぶし》の子《こ》として、大阪《おおさか》で生《う》まれました。少年時代《しょうねんじだい》に漢学《かんがく》を、成人《せいじん》して長崎《ながさき》で蘭学《らんがく》をまなび、その後《ご》、大阪《おおさか》の緒方洪庵《おがたこうあん》の弟子《でし》になって学問《がくもん》を深《ふか》めました。また、開国《かいこく》に刺激《しげき》され英語《えいご》もまなびました。二四歳《さい》で江戸《えど》に行《い》き、築地《つきじ》に塾《じゅく》をひらきました。一八六〇年《ねん》、幕府《ばくふ》の使節《しせつ》とともに咸臨《かんりん》丸《まる》でアメリカにわたり、たくさんの知識《ちしき》をもちかえりました。その後《ご》も使節《しせつ》としてヨーロッパなどをめぐりました。世界《せかい》の国《くに》ぐにから「自由《じゆう》と平等《びょうどう》の精神《せいしん》」などをまなびました。帰国《きこく》すると、西欧文明《せいおうぶんめい》を紹介《しょうかい》した『西洋事情《せいようじじょう》』という本《ほん》をだしました。そこには、人間《にんげん》としての権利《けんり》と義務《ぎむ》、自由《じゆう》についてなど、やさしく書《か》かれています。塾《じゅく》を東京《とうきょう》・芝《しば》にうつして慶応義塾《けいおうぎじゅく》を創設《そうせつ》しました。『学問《がくもん》のすすめ』は多《おお》くの人《ひと》によまれました。

お母さんやお父さんへ

読み聞かせのための予備知識

西暦	年齢	（※年齢は満年齢で計算）
一八三四	0	大阪の豊前中津藩蔵屋敷（いまの大阪市福島区）で下級藩士福沢家の次男として生まれる。
一八三六	2	父が亡くなる。中津（いまの大分県中津市）へ帰る。
一八四九	15	漢学を学び、頭角をあらわす。
一八五四	20	前の年のペリー来航をきっかけに長崎へ行く。オランダ語を学ぶ。
一八五五	21	大阪へ行き、緒方洪庵の適塾に入門する。
一八五六	22	兄が亡くなる。家督を継ぐ。
一八五七	23	最年少で適塾の塾長になる。
一八五八	24	江戸で蘭学塾（のちの慶応義塾）をひらく。
一八五九	25	外国人居留地の横浜で英語の必要性を感じ、学び始める。

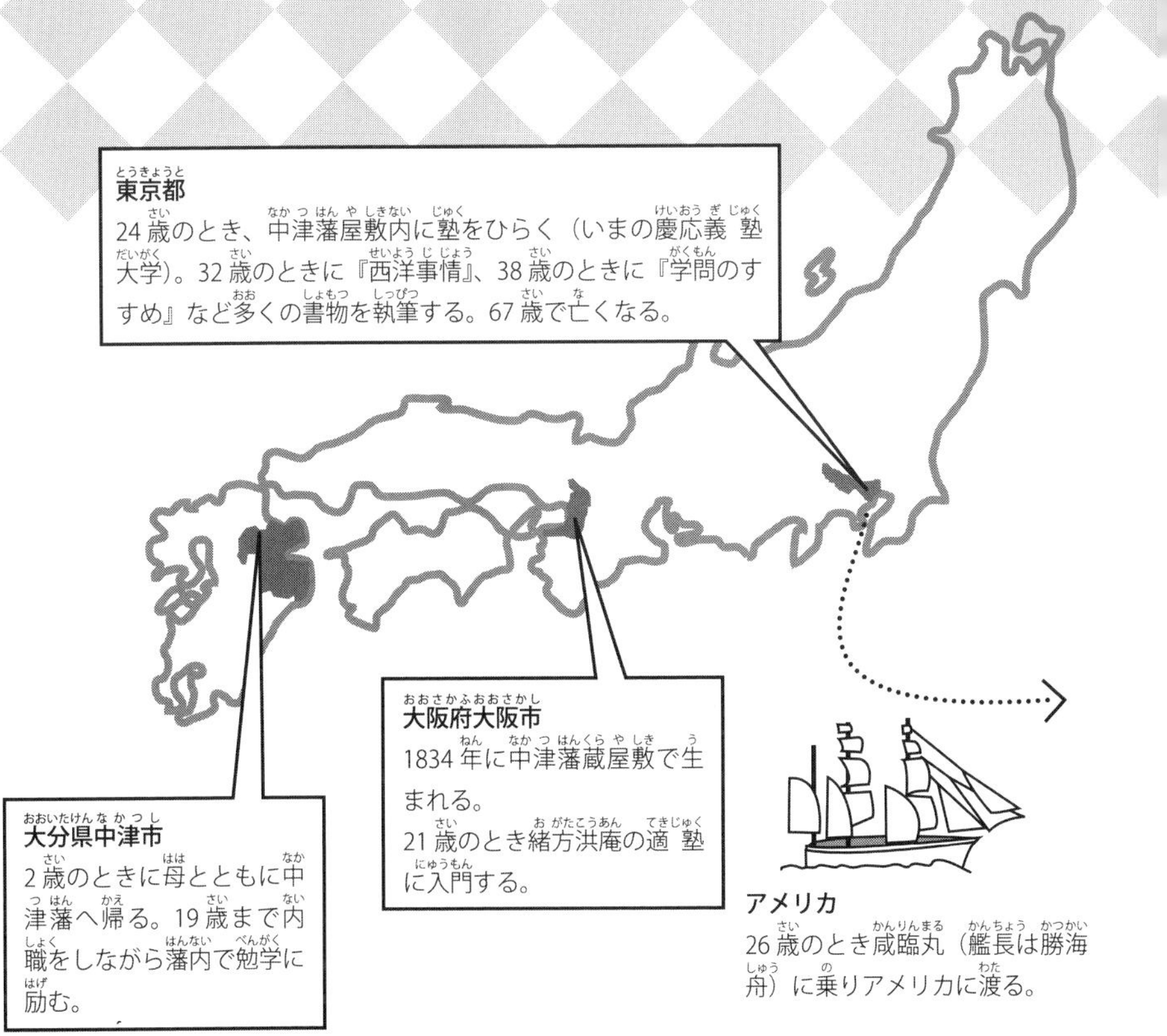
東京都《とうきょうと》
24歳《さい》のとき、中津藩屋敷内《なかつはんやしきない》に塾《じゅく》をひらく（いまの慶応義塾《けいおうぎじゅく》大学《だいがく》）。32歳《さい》のときに『西洋事情《せいようじじょう》』、38歳《さい》のときに『学問《がくもん》のすすめ』など多《おお》くの書物《しょもつ》を執筆《しっぴつ》する。67歳《さい》で亡《な》くなる。
大阪府大阪市《おおさかふおおさかし》
1834年《ねん》に中津藩蔵屋敷《なかつはんくらやしき》で生《う》まれる。
21歳《さい》のとき緒方洪庵《おがたこうあん》の適塾《てきじゅく》に入門《にゅうもん》する。
大分県中津市《おおいたけんなかつし》
2歳《さい》のときに母《はは》とともに中《なか》津藩《つはん》へ帰《かえ》る。19歳《さい》まで内職《ないしょく》をしながら藩内《はんない》で勉学《べんがく》に励《はげ》む。
アメリカ
26歳《さい》のとき咸臨丸《かんりんまる》（艦長《かんちょう》は勝海舟《かつかいしゅう》）に乗《の》りアメリカに渡《わた》る。

一八六〇	26	咸臨丸がアメリカに行くことになり、その一員に加わる。
一八六二	28	幕府使節の翻訳方としてヨーロッパ諸国を訪れ、たくさんの書物を日本へ持ち帰る。
一八六六	32	「西洋事情」を出版する。たいへん好評で日本最初のベストセラーとなる。
一八六七	33	幕府の軍艦受取使節の一員として再びアメリカへ渡る。
一八六八	34	蘭学塾を「慶応義塾」（いまの慶応義塾大学）と名づけ教育に専念。〔明治維新〕
一八七二	38	「学問のすすめ」を出版する。
一八八二	48	新聞「時事新報」を創刊する。〔大隈重信が東京専門学校（いまの早稲田大学）創立〕
一八九四	60	〔日清戦争〕
一八九九	65	「福翁自伝」を出版する。
一九〇一	67	亡くなる。

●イギリス国民《こくみん》をささえた名首相《めいしゅしょう》

チャーチル

ロバから落《お》ちた！

「われわれは、ヒトラーに負《ま》けてはいけない」

第二次世界大戦中《だいにじせかいたいせんちゅう》の一九四〇年《ねん》――イギリスの首相《しゅしょう》となったウィンストン・チャーチルは、イギリス国民《こくみん》に力《ちから》づよくよびかけました。

その声《こえ》に、ソ連《れん》（いまのロシア）や、アメリカも、イギリス側《がわ》について連合国軍《れんごうこくぐん》となり、ドイツや日本《にほん》と戦《たたか》って勝利《しょうり》をおさめたのでした。

のちにチャーチルは、第二次世界大戦《だいにじせかいたいせん》をふりかえってまとめあげた『第二次大戦回想録《だいにじたいせんかいそうろく》』という本《ほん》によって、ノーベル文学賞《ぶんがくしょう》をもらうことになりました。

ウィンストン・チャーチルは、一八七四年《ねん》、イギリスのオックスフォードシャー州《しゅう》ウッドストックのブレナム宮殿《きゅうでん》で生《う》まれました。

「おぼっちゃま、お屋敷《やしき》の中《なか》では、かけまわってはいけません」

「おぼっちゃま、お庭《にわ》の花《はな》を、やたらにぬいてはいけません」

チャーチル家《け》のお手伝《てつだ》いさんは、あちこちと、やんちゃにかけまわるウィンストンを追《お》いかけるのに必死《ひっし》でした。

大《おお》きな家《いえ》と、広《ひろ》い庭《にわ》──父《ちち》は、子《こ》どもをのびのび自由《じゆう》に育《そだ》てたいと思《おも》っていたので、ウィンストンがいたずらしても、しかりませんでした。

この広《ひろ》いお屋敷《やしき》は、チャーチル家《け》の先祖《せんぞ》が、むかし、大《おお》きな戦争《せんそう》でてがらをたてたことから、アン女王《じょおう》からおくられたものでした。

祖父《そふ》のモールブラは公爵《こうしゃく》でした。

ウィンストンが二歳《さい》になったとき、祖父《そふ》はアイルランドの総督《そうとく》（まとめ役《やく》のこと）に任命《にんめい》されました。それで、父《ちち》は、その秘書《ひしょ》として、ついて行《い》くことになりました。

「ぼくは、この家《いえ》がいい。行《い》きたくない」

ウィンストンは、泣《な》きさけびました。でも、そんなわがままはとおりませんでした。

アイルランドに移《うつ》ってからも、祖父《そふ》と父《ちち》は、議会《ぎかい》があるたびにロンドンへ出《で》かけていました。母《はは》もるすがちでした。

三歳《さい》になったある日《ひ》、ウィンストンは、乳母《うば》の、エヴェレストと、るすばんをしていました。

「ねえ、エヴェレスト、外《そと》へ遊《あそ》びに行《い》こうよ」

ウィンストンは、ときどきわがままをいっては、エヴェレストを困《こま》らせました。

「外《そと》はあぶないから、お庭《にわ》で遊《あそ》びましょう」

そのころ、アイルランドの町《まち》には、力《ちから》にうったえてでも、共和国《きょうわこく》を独立《どくりつ》させようという、きけんな動《うご》きがありました。ですからエヴェレストは、外出《がいしゅつ》を心配《しんぱい》していたのです。

「ロバに乗《の》って、町《まち》を見《み》たいよ」

ウィンストンのわがままに、エヴェレストは、ついに負《ま》けてしまいました。

ウィンストンは、ロバにまたがると、胸《むね》をはって、たづな（馬《うま》やロバをあやつるつな）をひきました。

町《まち》のけしきに、ウィンストンの心《こころ》ははずみました。人《ひと》びとは、おさない子《こ》が、ロバの歩《ある》くリズムにあわせてからだを動《うご》かすすがたに目《め》を細《ほそ》めていました。ウィンストンはまんぞくして、得意《とくい》な気分《きぶん》になっていました。

と、そのときです。黒《くろ》い服《ふく》を着《き》た、あやしげな一団《いちだん》がこちらにむかってきました。

「おぼっちゃま、あぶない！」

デモ隊《たい》が来《き》た、と勘《かん》ちがいしたエヴェレストは、あわてふためいてさけびました。

ロバもおどろいて、うしろ足《あし》を高《たか》く上《あ》げて、土《つち》をけりました。砂煙《すなけむり》が舞《ま》いあがりました。

つぎのしゅん間《かん》――ウィンストンは前《まえ》かがみになって、頭《あたま》を下《した》にしたまま地面《じめん》にたたきつけられてしまいました。

「おぼっちゃま！」

エヴェレストは、ウィンストンのからだをゆすり、ほおをこすりました。

ウィンストンは、のうしんとうをおこしてしまったのです。

町《まち》の人《ひと》が水《みず》をもってかけつけてきました。

三〇分《ぷん》ほどすると、ウィンストンの意識《いしき》はもどってきました。

宮殿《きゅうでん》にチャーチル家《け》の絵《え》が……

五歳《さい》になったとき、チャーチル一家《いっか》は、アイルランドからロンドンへもどってきました。

その年《とし》、弟《おとうと》も生《う》まれました。

ロンドンの街《まち》は光《ひかり》と音《おと》でみちあふれていました。

父《ちち》はイギリスの下院議員《かいんぎいん》に当選《とうせん》し、しだいに仕事《しごと》がふえていきました。

「エヴェレストのいうことを、よく聞《き》いて、いい子《こ》になるんだぞ」

ウィンストンは、乳母《うば》のエヴェレストとすごす日《ひ》が多《おお》くなりました。

当時《とうじ》のイギリスでは、仕事《しごと》がいそがしい上流家庭《じょうりゅうかてい》では、子《こ》どもをよそにあずけて育《そだ》ててもらうことは、けっしてめずらしいことではありませんでした。

「勉強中《べんきょうちゅう》に、にげだしたりしてはいけないぞ」

父《ちち》は、ウィンストンに注意《ちゅうい》しました。

それは、アイルランドにいたときのあるできごとが、父《ちち》の頭《あたま》にのこっていたからです。

そのころ、ウィンストンには家庭教師《かていきょうし》がついていました。

先生《せんせい》は、文字《もじ》のおぼえかたや、算数《さんすう》の計算《けいさん》など、知識《ちしき》をつぎつぎとつめこみました。

ところがウィンストンは、考《かんが》えること、発見《はっけん》することが、すきだったのです。ですから、知識《ちしき》をただおぼえていく勉強《べんきょう》が、ちっともおもしろくありません。

「ああ、つまらない。先生《せんせい》なんかいなくても、おぼえられる」

ウィンストンが大《おお》きなあくびをしたとたんに、先生《せんせい》はおこってしまいました。

「先生《せんせい》が、おこったよ」

ウィンストンはお手伝《てつだ》いさんに声《こえ》をかけると、森《もり》の中《なか》ににげこみ、木《き》にのぼって、かくれてしまうことが、たびたびありました。

そんなウィンストンの気持《きも》ちを理解《りかい》している乳母《うば》のエヴェレストは、自分《じぶん》の家《いえ》につれて行《い》ったり、ワイト島《とう》の別荘《べっそう》で遊《あそ》ばせながら、あたらしい家庭教師《かていきょうし》をよんで、なれさせようとしました。

ウィンストンは、エヴェレストのあたたかい心《こころ》を理解《りかい》するようになっていきました。

『ぼくは、エヴェレストと、いい子《こ》にしているよ。広《ひろ》い海《うみ》でおよいだよ。波《なみ》にのってあそんだよ。こんどはブレナムきゅうでんにいきます。パパ、ママへ。ウィンストンより』

六歳《さい》のウィンストンは、ペンをとって両親《りょうしん》に手紙《てがみ》も書《か》けるようになりました。

ウィンストンは、それからしばらくして、オックスフォードをたずねました。

そこでも、両親《りょうしん》はいそがしかったので、ブレナム宮殿《きゅうでん》に住《す》む、公爵夫人《こうしゃくふじん》である祖母《そぼ》が、面倒《めんどう》をみてくれることになりました。

「おばあちゃん、この絵《え》は、家《いえ》のたからものなんだってね」

「そう。チャーチル家《け》が、戦争《せんそう》で勝《か》ったときの絵《え》ですよ。アン女王《じょおう》さまが、かざってくださったものなんですよ」

宮殿《きゅうでん》のきひん室《しつ》には、チャーチル家《け》がイギリス軍《ぐん》をひきいて、戦争《せんそう》に勝利《しょうり》したときの絵《え》が織《お》りものに描《えが》かれ、かべいっぱいにかざられていたのです。

ゆうかんなすがたの先祖《せんぞ》の絵《え》は、ウィンストンの心《こころ》の奥《おく》をゆさぶりました。

（ぼくも、みんなをリードできるような人《ひと》になりたいなあ）

絵《え》をながめては目《め》をかがやかせていました。

しつけにはきびしい祖母《そぼ》でしたが、いっぽうでは、ウィンストンに、

「どんなことがあっても、勉強《べんきょう》だけは、しっかりやりなさい。勉強《べんきょう》さえおえたら、何《なに》をしてもいいですからね……」

と、すきなことをして遊《あそ》ぶようにすすめたのでした。

「きょうは、馬《うま》に乗《の》る。あしたはみずうみでつりをする。あさっては……」

ウィンストンの遊《あそ》びのゆめは、日《ひ》ごとにふくらんでいきました。

校長先生《こうちょうせんせい》のぼうしをこわす

八歳《さい》になったウィンストンは、アスコットのセント・ジョージ校《こう》に入《はい》ることになりました。

そこは、イギリスでは有名《ゆうめい》な、すぐれた教育《きょういく》をおこなう学校《がっこう》でした。

それだけに、勉強《べんきょう》や、しつけにはきびしく、そのうえ、お金《かね》もたくさんかかりました。

ですが学校《がっこう》では、寮生活《りょうせいかつ》をしなければなりません。ウィンストンは、しばられるような、きゅうくつな生活《せいかつ》が大《だい》きらいでした。

「クリスマスまで家《いえ》に帰《かえ》れないなんて、つまらないなあ」

ウィンストンは、ゆううつな気分《きぶん》になりました。

ウィンストンは、学校《がっこう》のきびしいしつけに反抗《はんこう》したり、授業中《じゅぎょうちゅう》にするどい質問《しつもん》をあびせるので、先生《せんせい》たちも「わんぱく学童《がくどう》には困《こま》ったものだ」と、手《て》をやきはじめました。

ウィンストンは八歳《さい》のたんじょう日《び》を、学校《がっこう》の寮《りょう》でむかえました。ですが、いっこうに勉強《べんきょう》には熱《ねつ》が入《はい》りません。

ある日《ひ》、ことばの意味《いみ》をおぼえる時間《じかん》に、

「先生《せんせい》、『メンサ』は、テーブルなのに、なぜ、『テーブルよ』になったり『おお、テーブルよ』にも、なったりするのですか？」

ウィンストンは、質問《しつもん》しました。先生《せんせい》は、「またか」と、いっしゅんまゆをひそめました。

「つまり、『おお、テーブルよ』は、テーブルに話《はな》しかけているからだ」

するとウィンストンは、たたみかけました。

「おなじことばで、そんなことがあるのでしょうか、ばかばかしい……」

「ばかばかしい」と口《くち》がすべったとたんに、

「子《こ》どものくせに、なまいきなことをいうと、ばつをあたえますぞ！」

と、先生《せんせい》は、おこりだしてしまいました。

クリスマスで学校《がっこう》が休《やす》みになると、家《いえ》にとんで帰《かえ》りました。

学校《がっこう》でのウィンストンは、暗記《あんき》はひと一倍早《ばいはや》く、理解力《りかいりょく》もすぐれていたのですが、生活態度《せいかつたいど》が悪《わる》いというだけで、通知簿《つうちぼ》の点数《てんすう》は「下《げ》」ばかり。「学校《がっこう》で一番《ばん》のいたずら児童《じどう》」ということばまでそえられてしまいました。

「あなた、おぎょうぎがわるいのね？」

母《はは》が、きびしくたずねました。

「だって、先生《せんせい》は、おこるとすぐに、ムチでぶつんだもん」

「あなたが、いたずらをするからでしょう？」

「ちがうよ。ぼくは、ただわからないことを聞《き》いているだけだよ」

母《はは》は、わが子《こ》を信《しん》じてうなずきました。

それからも、学校《がっこう》では、きりつを守《まも》らない子《こ》どもたちに、いっそうきびしくなりました。

すると、ウィンストンは、ますます学校《がっこう》に反抗《はんこう》するようになりました。

とうとう、ウィンストンのはげしい気性《きしょう》と、学校《がっこう》のきびしい体《たい》ばつとが、ぶつかりました。腹《はら》を立《た》てたウィンストンは、校長室《こうちょうしつ》にとびこんで、校長先生《こうちょうせんせい》の神聖《しんせい》なワラぼうしをとると、足《あし》でふみくだいてしまったのでした。

「あなたには、学校《がっこう》をやめてもらいます！」

校長先生《こうちょうせんせい》のいかりはおさまりません。

「ウィンストンには、げんかくな学校《がっこう》は向《む》きません。自由《じゆう》に、のびのびと勉強《べんきょう》のできる学校《がっこう》をさがしましょう」

両親《りょうしん》も、ウィンストンの退学《たいがく》を、あっさりとうけいれてしまったのでした。

その後《ご》、ウィンストンは、士官学校《しかんがっこう》を卒業《そつぎょう》して軍人《ぐんじん》になり、各地《かくち》のたたかいに参加《さんか》しました。一九〇〇年《ねん》、父《ちち》のあとをついで下院議員《かいんぎいん》となり、その後《ご》、内務《ないむ》、海軍《かいぐん》、軍需大臣《ぐんじゅだいじん》として活《かつ》やくしました。第二次世界大戦《だいにじせかいたいせん》がはじまると、イギリス首相《しゅしょう》となり、アメリカ、ソ連《れん》と協《きょう》力《りょく》して勝利《しょうり》をおさめました。戦争《せんそう》がおわってからは、アメリカとソ連《れん》の対立《たいりつ》をはやくから感《かん》じとり「鉄《てつ》のカーテン」ということばであらわし、注目《ちゅうもく》されました。

『チャーチル』って何をした人？

（1874 ～ 1965）イギリスの政治家

イギリスのオックスフォードシャー・ウッドストックのブレナム宮殿《きゅうでん》で、貴族《きぞく》の子《こ》として生《う》まれました。士官学校《しかんがっこう》を卒業《そつぎょう》して軍人《ぐんじん》となり、各地《かくち》の戦争《せんそう》に参戦《さんせん》しました。一九〇〇年《ねん》、二六歳《さい》で保守党政治家《ほしゅとうせいじか》であった父《ちち》のあとをつぎ、下《か》院議員《いんぎいん》に当選《とうせん》し政治家《せいじか》になりました。その後《ご》、自由党《じゆうとう》にうつって商務相《しょうむしょう》、内務相《ないむしょう》などをつとめました。保守党《ほしゅとう》にもどり、一九三九年《ねん》に第《だい》二次《じ》世界大戦《せかいたいせん》がおこると海軍相《かいぐんしょう》となり、そのつぎの年《とし》に首相《しゅしょう》になりました。そしてアメリカ、ソ連《れん》と協力《きょうりょく》して戦争《せんそう》を指導《しどう》しました。戦争末期《せんそうまっき》は労《ろう》働党《どうとう》に政権《せいけん》をゆずりましたが、戦争《せんそう》が勝利《しょうり》で終《お》わると、ふたたび首相《しゅしょう》として平和《へいわ》共存《きょうぞん》に力《ちから》をつくしました。アメリカとソ連の東西対立《とうざいたいりつ》（冷《れい》戦《せん》）を早《はや》くから見《み》ぬき、「鉄《てつ》のカーテン」ということばであらわしました。『第《だい》二次《じ》世界大戦《せかいたいせん》回顧録《かいころく》』で、ノーベル文学賞《ぶんがくしょう》をうけました。

お母さんやお父さんへ

読み聞かせのための予備知識

（※年齢は満年齢で計算）

西暦	年齢	
一八七四	0	イギリスのオックスフォードシャー・ウッドストックで生まれる。父は保守党の蔵相などをつとめた政治家ランドルフ・チャーチル。
一八八八	14	ロンドン郊外の名門ハロウ校に入学し、四年間学ぶ。
一八九三	19	サンドハースト王立陸軍士官学校に入学する。
一八九五	21	父が亡くなる。騎兵隊に配属されてキューバ戦線へ向かう。
一八九七	23	このころから執筆活動をおこなう。
一八九九	25	第二次ボーア戦争（～一九〇二）に従軍記者として参加する。捕虜になるが脱走し、イギリス国内で名声を高める。
一九〇〇	26	父の後を継ぎ、保守党下院議員になる。
一九〇四	30	保守党から自由党に移る。
一九〇六	32	総選挙で自由党が勝利し、商務相、内務相などをつとめる。

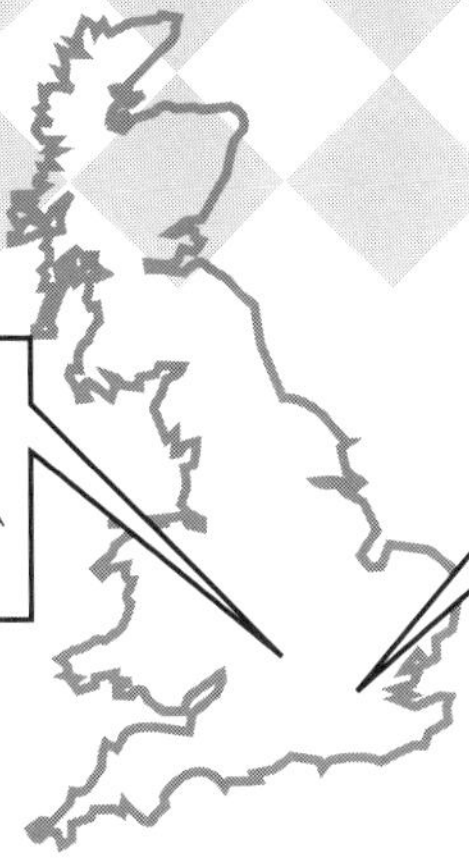

イギリス
オックスフォード
1874年《ねん》にブレナム宮殿《きゅうでん》で生《う》まれる。

イギリス　ロンドン
14歳《さい》のとき郊外《こうがい》のハロウ校《こう》に入学《にゅうがく》。

19歳《さい》のときサンドハースト王立陸軍士官学校《おうりつりくぐんしかんがっこう》に入《はい》り、21歳《さい》で騎兵隊《きへいたい》の少尉《しょうい》になる。

26歳《さい》のとき下院議員《かいんぎいん》に当選《とうせん》して政治家《せいじか》になる。

第《だい》2次《じ》世界大戦《せかいたいせん》さなかの66歳《さい》から77歳《さい》、77歳《さい》から81歳《さい》の2度《ど》にわたり首相《しゅしょう》を務《つと》める。

91歳《さい》のときハイド・パークの自宅《じたく》で亡《な》くなる。

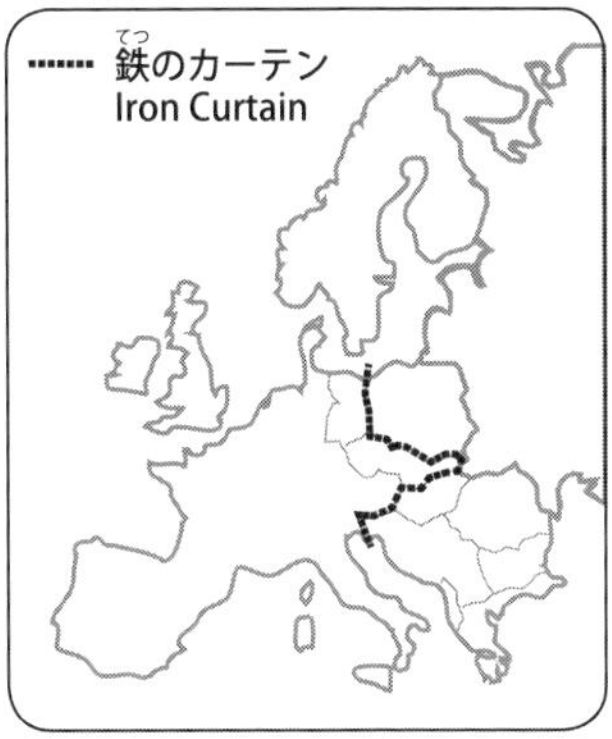

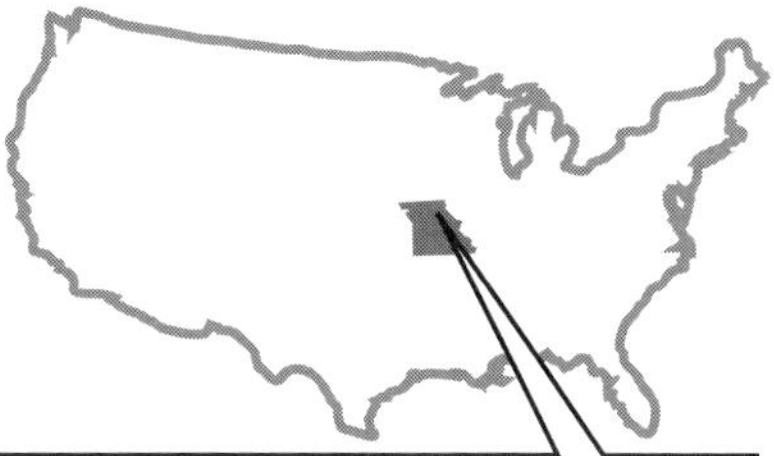

アメリカ　ミズーリ州《しゅう》フルトン
72歳《さい》のときにアメリカのトルーマン大統領《だいとうりょう》に招《まね》かれてアメリカを訪問《ほうもん》する。ウェストミンスター大学《だいがく》での演説《えんぜつ》で、東西分断《とうざいぶんだん》（冷戦《れいせん》）を「鉄《てつ》のカーテン」という言葉《ことば》であらわした。

一九一一	37	海軍相になる。〔第一次世界大戦（〜一九一八）〕
一九一五	41	ガリガポの戦いに敗れ、内閣を去る。このころから絵を描き始める。
一九一七	43	ロイド・ジョージ内閣の軍需相として政界に戻る。
一九二四	50	保守党に帰り、財務相になる。
一九二九	55	保守党が選挙に敗北し、再び政権から離れる。
一九三九	65	海軍相になる。〔第二次世界大戦（〜一九四五）〕
一九四〇	66	首相になる。国防相を兼任してイギリスを勝利に導く。
一九四六	72	アメリカを訪問。「鉄のカーテン」演説をおこなう。
一九五一	77	ふたたび首相になる。
一九五三	79	ノーベル文学賞を受賞する。
一九五五	81	首相を辞任し、引退する。
一九六五	91	ロンドンの自宅で亡くなる。

●アメリカ初代《しょだい》大統領《だいとうりょう》

ワシントン

五歳《さい》で馬《うま》を乗《の》りまわす

「みなさんの　心《こころ》のなかには、
いつも　天《てん》の光《ひかり》が　かがやいている。
自信《じしん》をもって　前《まえ》へすすみなさい」

アメリカの国《くに》を独立《どくりつ》させ、はじめての大統領《だいとうりょう》にえらばれたジョージ・ワシントンは、目《め》をきらきらとかがやかせながら、国民《こくみん》によびかけました。

ジョージ・ワシントンは、一七三二年《ねん》に、いまのアメリカのバージニア州《しゅう》に生《う》まれました。

当時《とうじ》は、まだアメリカという国《くに》はなく、イギリスやフランスなど、ヨーロッパの国《くに》ぐにから渡《わた》ってきた人《ひと》たちが、広《ひろ》い土地《とち》をさがしては、それぞれに土地《とち》をたがやし、自分《じぶん》たちのあたらしい生活《せいかつ》をつくりだしていったのです。

「うちの広《ひろ》い土地《とち》は、ジョージのひいおじいちゃんが、イギリスからやってきて、汗《あせ》を流《なが》しながら、こつこつときりひらいていったの。だから、しっかりと土地《とち》を守《まも》りついでいくために、お父《とう》さんもがんばっているのよ」

母《はは》は、いつも子《こ》どもたちに、いい聞《き》かせていました。

三代目《だいめ》となるジョージの父《ちち》は、その広《ひろ》い農場《のうじょう》を引《ひ》きつぎ、四〇人《にん》ほどのお手伝《てつだ》いさんをやとって、大農場主《だいのうじょうぬし》になっていたのです。

やんちゃなジョージは、農園《のうえん》でまい日《にち》どろまみれになって遊《あそ》んでいました。

「この足《あし》のながい虫《むし》は、何《なん》というの？」

「この白《しろ》いつぼみ、何《なん》という花《はな》なの？」

ジョージは、あたらしいものを見《み》つけると、すぐにお手伝《てつだ》いさんたちにたずねました。

「ジョージおぼっちゃまは、どんな小《ちい》さなことでもたずねてくる。きっと将来《しょうらい》、大《おお》きな人間《にんげん》になりますぞ」

お手伝《てつだ》いさんたちは、いつもジョージが、昆虫《こんちゅう》や花《はな》のなまえをたずねてくるので、感心《かんしん》していました。

五歳《さい》になったときには、ひとりで馬《うま》にも乗《の》れるようになりました。

馬係《うまがかり》のお手伝《てつだ》いさん、ポールは、いたずらずきで活発《かっぱつ》なジョージが大《だい》すきでした。

「ポールおじちゃん、きょうは、お父《とう》さんのもっている足《あし》のはやい馬《うま》に乗《の》りたいよ」

ジョージは、ポールの背《せ》なかにもたれて、せがみました。

「とんでもございません。そんなことをしたら、ご主人《しゅじん》さまに、しかられてしまいます」

ポールは、首《くび》を横《よこ》にふり、困《こま》ったように、顔《かお》をしかめました。

「ねえ、おねがい、たのむよ……あの、毛並《けな》みのいい大《おお》きな馬《うま》に、いちど乗《の》ってみたかったんだ」

ジョージは、がっしりとしたポールの肩《かた》をゆすりました。

「それでは、うらのはたけを、ひとまわりするだけですよ」

ポールはしぶしぶ承知《しょうち》してしまいました。

ポールは馬小屋《うまごや》から、父《ちち》の毛並《けなみ》みのよい馬《うま》を引《ひ》き出《だ》してくると、軽《かる》がるとジョージをだきあげました。

馬《うま》のくらにまたがったジョージは、胸《むね》をはりました。

ポールが馬《うま》のたづなをとって、二、三歩《ぽ》すすんだとき、ジョージがうれしさのあまり、両《りょう》足《あし》で馬《うま》のからだをつよく数回《すうかい》たたいたものですから、馬《うま》はおどろいて、とつぜん走《はし》りだしました。

ポールは、あわてて馬《うま》を追《お》いかけました。

ちょうどそこに、父《ちち》がお手伝《てつだ》いさんをつれて、はたけ仕事《しごと》から帰《かえ》ってきました。

「ご主人《しゅじん》さま、もうしわけありません。わたしが、ゆるしてしまったばっかりに……」

ポールは、おどおどした青《あお》い顔《かお》であやまりました。

父《ちち》は、馬《うま》に乗《の》って走《はし》っていくジョージのうしろすがたを目《め》で追《お》いながら、つぶやきました。

「ジョージの、あのみごとなたづなさばきなら、心配《しんぱい》することはない。すぐにもどってくる。むしろ、あの子《こ》の勇気《ゆうき》ある行動《こうどう》をほめてあげよう」

なにごとも正直《しょうじき》に

「マックおじさん、きょうは、何《なに》をつくっているの？」

ジョージは、まっ赤《か》に焼《や》けた鉄《てつ》がたたかれ、あたりにとびちる火花《ひばな》の先《さき》に、じっと目《め》をこらしていました。

「これはね、はたけをたがやすための、クワという道具《どうぐ》をつくっているんだよ」

かじ職人《しょくにん》のマックは、金《かな》づちをにぎりながらジョージにやさしく説明《せつめい》しました。

「何回《なんかい》もたたかれて、道具《どうぐ》って、できるんだね」

「そうだよ。たたけばたたたくほど、良《よ》い道具《どうぐ》ができるんだよ」

ジョージは、しゃがみこんで、鉄床《かなとこ》の上《うえ》でたたかれながら、形《かたち》をかえていくちいさな鉄《てつ》を、ふしぎそうに見《み》つめていました。

大《おお》きな農場《のうじょう》を経営《けいえい》していくためには、さまざまな農業用《のうぎょうよう》の道具《どうぐ》が必要《ひつよう》になってきます。そこでジョージの父《ちち》は、家《いえ》のわきに「道具《どうぐ》づくりのための仕事場《しごとば》」を建《た》て、金《きん》ぞくをきたえて、いろいろな道具《どうぐ》をつくることのできる器用《きよう》なかじ職人《しょくにん》、マックをやとっていたのです。

八歳《さい》になったジョージは、学校《がっこう》から帰《かえ》ってくると、たびたびマックの仕事場《しごとば》にもぐりこんでは、あたらしくできあがってくる道具《どうぐ》に、興味《きょうみ》をひかれていました。

小《ちい》さなこう鉄《てつ》が、フイゴから送《おく》られた風《かぜ》で、ゴウゴウと燃《も》えている、ホクボの中《なか》で焼《や》かれていきます。

しばらくすると、マックの左手《ひだりて》ににぎられた金《かな》はさみでとり出《だ》され、右手《みぎて》の金《かな》づちでたたかれると、オレンジ色《いろ》の火花《ひばな》をあたり一面《いちめん》に飛《と》ばして、ねん土細工《どざいく》のように曲《ま》がったり、あめのようにのびたりしながら、やがてクワ、カマ、ノコギリ……などができあがっていくのでした。

ある日《ひ》、マックは、木《き》を切《き》るためのオノをつくりました。学校《がっこう》から帰《かえ》ってきたジョージは、それを目《め》ざとく見《み》つけました。

「ねえ、マックおじさん。そのオノ、ぼくにつかわせてくれない？」

ジョージは、マックにせがみました。

「とんでもありません。この重《おも》たいオノを足《あし》に落《お》としでもしたら、大《おお》けがをしてしまいます」

「でも、マックおじさんのつくったオノで、一番《ばん》はじめに、太《ふと》い木《き》を倒《たお》してみたいんだ。いいでしょう……」

マックが、困《こま》った顔《かお》をして、まだ返事《へんじ》をしないうちに、ジョージはもう、オノをかついで、仕事場《しごとば》をとび出《だ》していってしまいました。

「ジョージおぼっちゃまには、かなわない」

マックは、追《お》いかけることはしませんでした。

ジョージは、農場《のうじょう》のかたすみにうえてあるサクラの木《き》にむかって、オノをふりおろしました。

「おぼっちゃま、それは、ひいおじいさまのころからある、たいせつな木《き》でございます」

ちょうどそこに、はたけにやさいをとりにきていた、お手伝《てつだ》いのメリーが、からだをふるわせて立《た》ち上《あ》がり、とめようとしました。

「マックのつくったオノをためしているんだ。気持《きも》ちよく木《き》にくいこむなあ」

ジョージは、とうとうサクラの木《き》を、切《き》り倒《たお》してしまいました。

その夜《よる》のこと。サクラの木《き》が切《き》られたことを知《し》った父《ちち》は、ジョージの兄弟《きょうだい》、お手伝《てつだ》いさんたち全員《ぜんいん》をあつめました。

「わたしが帰《かえ》ってきたら、サクラの木《き》が倒《たお》れていた。いったい、だれがやったんだ！」

父《ちち》は、まゆをつりあげて、全員《ぜんいん》を見《み》まわしました。

マックも、メリーも、ジョージであることを知《し》っています。でも、口《くち》には出《だ》しませんでした。ジョージが手《て》を上《あ》げました。

「ぼくが、倒《たお》してしまいました。オノをつかってみたかったので……ごめんなさい」

「だまって、木《き》を倒《たお》すことはいけない……でも、正直《しょうじき》に名《な》のり出《で》た心《こころ》はうれしい」

父《ちち》は、そういって、ゆるしてくれたのでした。

よわいもののいじめはゆるさない

ジョージは一〇人兄弟《にんきょうだい》の五番目《ばんめ》の子《こ》どもでした。

家《いえ》の中《なか》で兄弟《きょうだい》のあらそいごとがおこると、父《ちち》も母《はは》も、きまって、ジョージにこういうのでした。

「お兄《にい》ちゃんのいうことは、聞《き》かなくてはいけません。弟《おとうと》は、かわいがらなければいけません」

ジョージは、やんちゃですが、両親《りょうしん》のいいつけだけは、きちんと守《まも》り、心《こころ》のやさしい子《こ》どもに育《そだ》っていきました。

ジョージにとっては、学校《がっこう》で友《とも》だちと元気《げんき》よく、仲良《なかよ》く遊《あそ》ぶことが、何《なに》よりのたのしみでした。

学校《がっこう》は、家《いえ》からとおくはなれた森《もり》の入《い》り口《ぐち》にありました。

ログハウスのような教室《きょうしつ》で、先生《せんせい》はたったひとり。勉強《べんきょう》を教《おそ》わりにくる子《こ》どもは、わずか二〇人《にん》ほどの小《ちい》さな学校《がっこう》でした。

子《こ》どもたちは、森《もり》の中《なか》をかけめぐり、おにごっこ、木《き》のぼり、手《て》づくりのブランコなど、教室《きょうしつ》の中《なか》ですごすよりも、外《そと》で遊《あそ》びまわる時間《じかん》のほうが長《なが》かったのです。

ある日《ひ》のこと。からだの大《おお》きなボギーが、ブランコに乗《の》って遊《あそ》んでいた年下《としした》のトムをけおとし、ブランコを横《よこ》どりしてしまいました。

すると、トムは、そばにいたジョージの胸《むね》にとびこんできて、泣《な》きだしました。

「ボギーくん、トムが乗《の》っていたんだろう。おりてやれよ」

ジョージは、やさしい声《こえ》でボギーにいいました。するとボギーは、

「ブランコは、みんなでつくったもんだろう」

と、ぶぜんとした顔《かお》でいいかえしてきました。

「でも、トムをブランコから、けおとすことはないだろう」

ジョージの声《こえ》もしだいに強《つよ》くなりました。

ボギーは、

「おれに、もんくが、あるのか！」

と、ブランコからとびおりると、ジョージに体《たい》あたりしてきました。

とっくみあいのケンカがはじまりました。

二人《ふたり》は、上《うえ》になったり、下《した》になったり、ころげまわりました。ふだんから、いじわるボギーのことをこころよく思《おも》っていない子《こ》どもたちは、ジョージが上《うえ》になったとたん、「わ〜っ」

と、ボギーにのしかかりました。

さすがのボギーも、これではかないません。息《いき》を切《き》らし、手足《てあし》をバタバタさせてもがきはじめました。

「先生《せんせい》がきたぞ！」

生徒《せいと》のひとりがさけびました。

ケンカをしていたら、先生《せんせい》にしかられる……子《こ》どもたちは、その場《ば》からさっとはなれました。

「どうした！　だれがケンカをはじめたんだ」

子《こ》どもたちは、みんなだまってしまいました。すると、ジョージが前《まえ》に出《で》ました。

「ぼくが、はじめたんです。ごめんなさい」

先生《せんせい》は、しかることをせず、だまってうなずきました。ジョージと、ボギーの服《ふく》のよごれを見《み》て、先生《せんせい》はすべてをさっしたのです。

それからというもの、ボギーのよわいものいじめは、なくなりました。

その後《ご》、ジョージは、測量《そくりょう》の勉強《べんきょう》をはじめました。

そのうちに、広《ひろ》い土地《とち》をめぐって、アメリカに渡《わた》ってきたイギリス人《じん》とフランス人《じん》のあいだで、戦争《せんそう》がおこりました。ジョージは、イギリス人《じん》の側《がわ》にたって、たたかいました。

イギリス人《じん》の側《がわ》が勝《か》ちましたが、しばらくするとこんどは、イギリス本国《ほんごく》からぬけ出《だ》し、アメリカ国家《こっか》として独立《どくりつ》するための戦争《せんそう》がおこりました。

ジョージ・ワシントンは、総指揮官《そうしきかん》にえらばれてたたかい、戦争《せんそう》に勝《か》ちました。そして、
一七七六年《ねん》、アメリカはついに独立《どくりつ》したのです。

「社会《しゃかい》は、みんなで話《はな》し合《あ》っておさめていこう」

初代大統領《しょだいだいとうりょう》にえらばれたワシントンは、民主主義宣言《みんしゅしゅぎせんげん》をおこなったのでした。

『ワシントン』って何をした人？

（1732 ～ 1799）アメリカの初代大統領

アメリカのヴァージニア州《しゅう》に大農園主《だいのうえんしゅ》の子《こ》として生《う》まれました。そのころアメリカはまだイギリスの植民地《しょくみんち》でした。軍人《ぐんじん》になると、植民地戦争《しょくみんちせんそう》ではイギリス軍《ぐん》についてフランス軍《ぐん》と戦《たたか》い、手《て》がらをたてました。いったん農場《のうじょう》にもどりましたが、その後《ご》、イギリスとの関係《かんけい》が悪《わる》くなると、その解決《かいけつ》のための大陸会議《たいりくかいぎ》ではヴァージニア代表《だいひょう》となりました。一七七五年《ねん》に独立戦争《どくりつせんそう》がおきると、司令官《しれいかん》として指揮《しき》をとりました。長《なが》く苦《くる》しい戦争《せんそう》に勝利《しょうり》すると憲法《けんぽう》をつくる会議《かいぎ》の議長《ぎちょう》となりました。一七八九年《ねん》、アメリカが独立《どくりつ》して初《はじ》めての大統領《だいとうりょう》にえらばれ、あたらしい政治《せいじ》や財政《ざいせい》などをととのえました。大統領《だいとうりょう》に三回《かい》もえらばれましたが「民主主義《みんしゅしゅぎ》を発展《はってん》させるには、三度《ど》も同《おな》じ人間《にんげん》ではよくない」とことわりました。いまもアメリカの「建国《けんこく》の父《ちち》」とよばれています。

お母さんやお父さんへ

読み聞かせのための予備知識

西暦	年齢	（※年齢は満年齢で計算）
一七三二	0	イギリスの植民地だったアメリカのヴァージニア州ウエストモーランド郡で、裕福な地主の家に生まれる。
一七四三	11	父が亡くなる。長兄が父親代わりをつとめる。
一七五一	19	長兄が亡くなる。大農園マウント・バーノンを相続する。
一七五四	22	ヴァージニア市民軍の中佐になりオハイオ州に進出するが敗れる。軍務からはなれて農場経営に専念する。
一七五五	23	フレンチ・インディアン戦争（～一七六三）でイギリス軍に従軍。ヴァージニア市民軍の総司令官になる。
一七五八	26	植民地議会の代議員になる。以後一七年のあいだ地主・政治家として過ごす。
一七五九	27	マーサ・カスティスと結婚する。

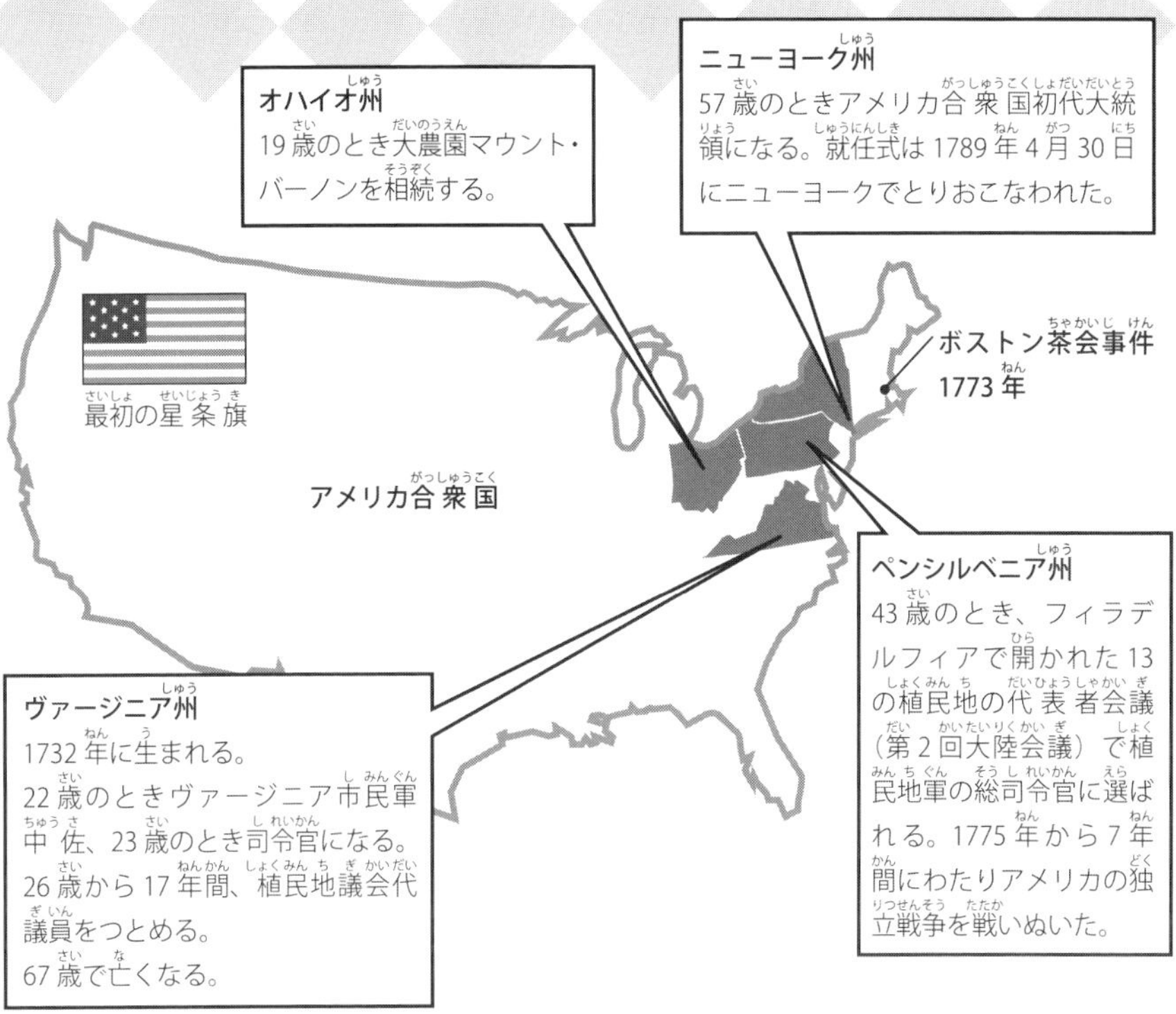

オハイオ州《しゅう》
19歳《さい》のとき大農園《だいのうえん》マウント・バーノンを相続《そうぞく》する。
ニューヨーク州《しゅう》
57歳《さい》のときアメリカ合衆国初代大統《がっしゅうこくしょだいだいとう》領《りょう》になる。就任式《しゅうにんしき》は1789年《ねん》4月《がつ》30日《にち》にニューヨークでとりおこなわれた。
最初《さいしょ》の星条旗《せいじょうき》
アメリカ合衆国《がっしゅうこく》
ボストン茶会事件《ちゃかいじけん》
1773年《ねん》
ペンシルベニア州《しゅう》
43歳《さい》のとき、フィラデルフィアで開《ひら》かれた13の植民地《しょくみんち》の代表者会議《だいひょうしゃかいぎ》（第《だい》2回大陸会議《かいたいりくかいぎ》）で植民地軍《しょくみんちぐん》の総司令官《そうしれいかん》に選《えら》ばれる。1775年《ねん》から7年間《ねんかん》にわたりアメリカの独立戦争《どくりつせんそう》を戦《たたか》いぬいた。
ヴァージニア州《しゅう》
1732年《ねん》に生《う》まれる。
22歳《さい》のときヴァージニア市民軍《しみんぐん》中佐《ちゅうさ》、23歳《さい》のとき司令官《しれいかん》になる。
26歳《さい》から17年間《ねんかん》、植民地議会代《しょくみんちぎかいだい》議員《ぎいん》をつとめる。
67歳《さい》で亡《な》くなる。

一七七三	41	〔ボストン茶会事件〕
一七七五	43	〔独立戦争（〜一七八三）〕植民地軍（のちの大陸軍）総司令官になり勝利に導く。
一七七六	44	〔アメリカ独立宣言〕
一七七七	45	〔星条旗を国旗に決定〕
一七八三	51	総司令官を辞任する。マウント・バーノンに帰る。
一七八七	55	フィラデルフィア憲法会議で議長に推薦される。
一七八九	57	初代大統領に就任する。
一七九二	60	大統領に再選される。
一七九六	64	大統領を辞任する。
一七九七	65	マウント・バーノンに戻る。
一七九九	67	急性喉頭蓋炎のため、自宅で亡くなる。

●フランス革命《かくめい》の国民的英雄《こくみんてきえいゆう》

ナポレオン

潮《しお》の流《なが》れをよめる子《こ》ども

ナポレオンは、きょうも、父《ちち》や、兄《あに》のジョセフといっしょに、光《ひかり》にみちあふれた浜辺《はまべ》へ遊《あそ》びにきていました。

空《そら》はどこまでも青《あお》くすんでいました。

「兄《にい》さん、力《ちから》くらべをやらないかい？」

七歳《さい》のナポレオンは、二歳年上《さいとしうえ》のジョセフに声《こえ》をかけました。

ジョセフは、弟《おとうと》にさそわれて、しぶしぶ立《た》ちあがりました。

「きょうは、ナポレオンを、砂場《すなば》にたたきつけてやるか」

ジョセフは、腰《こし》をおとし手足《てあし》を広《ひろ》げ、「かかってこい」と身《み》がまえました。

二人《ふたり》は、砂場《すなば》で、とっ組《く》みあいをはじめました。

ナポレオンは、ジョセフの足《あし》に自分《じぶん》の足《あし》をからめると、いっきに倒《たお》しました。

二かい、三かい……なんど組《く》みあっても、勝《か》つのはナポレオンのほうでした。

ジョセフは、荒《あら》く息《いき》をはずませて、砂場《すなば》にかがみこんでしまいました。

父《ちち》は、笑顔《えがお》で子《こ》どもたちのようすを見守《みまも》っていました。

「おまえは、やっぱり、ナポレオンだなあ」

父《ちち》は、ナポレオンの頭《あたま》を大《おお》きな手《て》のひらでおさえながら、つぶやきました。

「ナポレオン」とは、イタリアのふるいことばで、「野生《やせい》のライオン」という意味《いみ》なのです。

父《ちち》が、「つよい子《こ》に育《そだ》ってほしい」というねがいをこめて、つけたなまえでした。


のちに、フランスの指導者《しどうしゃ》として国民的英雄《こくみんてきえいゆう》になったナポレオンは、一七六九年《ねん》にコルシカ島《とう》で生《う》まれました。

島《しま》はナポレオンが生《う》まれる前《まえ》までは、コルシカ人《じん》が領地《りょうち》を守《まも》っていました。しかしその後《ご》、フランス軍《ぐん》が攻《せ》めてきて、島《しま》をうばわれてしまったのです。

父《ちち》は、貧《まず》しい下級貴族《かきゅうきぞく》でしたが、いまでは弁護士《べんごし》として、一家《いっか》をささえていました。

「子《こ》どもだけは、すこやかに育《そだ》てたい」

どんなに仕事《しごと》がいそがしくても、子《こ》どもたちが学校《がっこう》が休《やす》みのときには、いっしょに遊《あそ》びながら、世《よ》の中《なか》に出《で》てからの生《い》き方《かた》について、教《おし》えてくれました。

ナポレオンは、砂場《すなば》での遊《あそ》びにあきると、

「貝《かい》をとってくる！」

と、さけびながら、岩場《いわば》の先《せん》たんにむかって走《はし》りだしました。兄《あに》のジョセフもつづきます。

ナポレオンは、はだかになると、三メートルほどもある高《たか》い岩場《いわば》から、海《うみ》にとびこみました。

立《た》ちおよぎをはじめると、もっていた金具《かなぐ》で、岩《いわ》にはりついている大《おお》きな貝《かい》を、力《ちから》いっぱいはがしはじめました。

一方《いっぽう》、兄《あに》のジョセフは、磯《いそ》でカニをつかまえたり、小《ちい》さな魚《さかな》をすくったりしていました。

岩《いわ》にうちよせる波《なみ》は、銀色《ぎんいろ》のネックレスのように美《うつく》しくかがやいていました。

ナポレオンが、岩《いわ》から手《て》をはなして、貝《かい》を袋《ふくろ》にいれようとした、そのときです。大《おお》きな波《なみ》がおそってきて、ナポレオンはその中《なか》に頭《あたま》からつっこんでしまいました。

「あっ!」とジョセフが、おどろきの声《こえ》をあげたときには、ナポレオンのからだは、もう、波《なみ》にもまれていました。

ジョセフのさけび声《ごえ》におどろいて、父《ちち》がとんできました。

ナポレオンのすがたは、波間《なみま》から、きえてしまいました。

しばらくして、五〇メートルほど沖《おき》に、ちいさな頭《あたま》がうかびました。

するとナポレオンは、こちらにむかっておよがずに、もっと遠《とお》くのカモメ岩《いわ》をめざして、およいでいるではありませんか。

ジョセフは、ふーっと、肩《かた》でため息《いき》をつきました。

父《ちち》は、腕《うで》を組《く》み、だまったまま、じっと沖《おき》を見《み》つめていました。

「あの子《こ》はたいしたものだ。潮《しお》の流《なが》れをきちんとよみとっている。潮《しお》にさからわずに、およいでいる。かならずもどってくる……潮《しお》の流《なが》れを、よめるとはたいしたものだ」

父《ちち》は、カモメ岩《いわ》にむかっていそいで走《はし》りだしました。

いじめられても負《ま》けないで

「フランスの国《くに》って、広《ひろ》いんだね」

九歳《さい》になったナポレオンは、父《ちち》につれられて、兄《あに》のジョセフといっしょに、フランス本土《ほんど》へ渡《わた》ってきました。

ふるさとのコルシカ島《とう》から、小《ちい》さな船《ふね》に乗《の》り、フランスの港町《みなとまち》マルセイユにつきました。

そこから、フランスの都《みやこ》パリまでは、まだ千《せん》キロ以上《いじょう》もありました。

当時《とうじ》はまだ、飛行機《ひこうき》も列車《れっしゃ》もない時代《じだい》です。

ナポレオンは馬車《ばしゃ》にゆられながら、あたりのけしきを、めずらしそうにながめては、おどろきの声《こえ》をあげていました。夜《よる》の原野《げんや》も走《はし》りつづけました。

その半年後《はんとしご》。フランス語《ご》をまなんだ兄《あに》のジョセフは神父《しんぷ》になるための学校《がっこう》へ、ナポレオンは軍人《ぐんじん》になるための幼年学校《ようねんがっこう》へ入学《にゅうがく》しました。フランスの国王《こくおう》が「コルシカ島《とう》の中《なか》で頭《あたま》の良《よ》い者《もの》は、国《くに》のお金《かね》で入学《にゅうがく》させる」と、きめたからでした。

コルシカ島《とう》では、きかんぼうで、いさましかったナポレオンですが、幼年学校《ようねんがっこう》の寮《りょう》に入《はい》り、ひとりぼっちになると家族《かぞく》がこいしくなり、さびしさがこみあげてくることもありました。

そのころ、幼年学校《ようねんがっこう》には、貴族《きぞく》や、身分《みぶん》の高《たか》い家庭《かてい》の子《こ》どもしか、入《はい》れなかったのです。

まわりの生徒《せいと》たちは、島《しま》からやってきたナポレオンをひややかな目《め》で見《み》ては、つめたいことばをあびせかけました。

――おまえは、コルシカからきたんだって？　コルシカには、あばれんぼうがたくさんいると聞《き》いているぞ。

――コルシカは、よわい国《くに》だから、フランスに負《ま》けてしまったのさ。

ナポレオンは、くやしくてたまりません。

「コルシカカラ　キタノガ、ナゼ、イケナインダ。オレハナニモ　ワルイコトヲシテイナイゾ」

コルシカ島《とう》の方言《ほうげん》と、おぼえたばかりの、かたことのフランス語《ご》で、いいかえすものですから、生徒《せいと》たちはそれがおもしろくて、ますますはやしたててくるのでした。

ナポレオンは、歯《は》をくいしばって、がまんしていました。

しかし、いくら意志《いし》がつよいナポレオンでも、まだ一〇歳《さい》の子《こ》ども。仲間《なかま》のいじめや、からかいが、毎日《まいにち》のようにつづくと、さすがに心《こころ》がまいってしまいました。

とうとうある日《ひ》、

「ぼくは、学校《がっこう》をやめたいと思《おも》います……」

と、家《いえ》に手紙《てがみ》を書《か》きました。

すると、お父《とう》さんからは、

「そんな、よわねをはいてはいけない。いっしょうけんめい勉強《べんきょう》をして、なんでもよいから、一番《ばん》になってみなさい。おまえは、算数《さんすう》がよくできるし、走《はし》るのもはやいではないか」

と、はげましの返事《へんじ》がとどきました。

ナポレオンは、担任《たんにん》の先生《せんせい》にも、いじめられたことをうちあけました。

「軍人《ぐんじん》になろうとしているきみが、つまらない、からかいなどに負《ま》けてはいけない。今後《こんご》、コルシカ島《とう》といって、ばかにする者《もの》がいたら、先生《せんせい》からもきびしく注意《ちゅうい》する――きみは、正《ただ》しいことをしていれば、人《ひと》は何《なん》といってもかまわない、というぐらいの強《つよ》い気持《きも》ちで、勉強《べんきょう》にはげみなさい」

と、肩《かた》をたたいてくれました。

どんなことでもいいから、一番《ばん》になれ、正《ただ》しいことをしていれば、人《ひと》は何《なん》といってもかまわない――父《ちち》や、先生《せんせい》にはげまされて、ナポレオンの心《こころ》はかるくなりました。

一年生《ねんせい》のおわりには、学級《がっきゅう》の中《なか》で、算数《さんすう》は最高点《さいこうてん》。走《はし》るのも、とぶのも、投《な》げるのも……すべて一番《ばん》になりました。

級友《きゅうゆう》たちのなかで、ナポレオンを「コルシカのいなかもの」と、ひやかす者《もの》はいなくなりました。むしろ、親切《しんせつ》で、やさしい、ナポレオンを慕《した》う、生徒《せいと》まであらわれてきたのです。

先生《せんせい》は、生徒《せいと》にむかっていいました。

「これからは、ナポレオン・ボナパルトくんを学級長《がっきゅうちょう》にする」

生徒《せいと》たちは、いっせいにはくしゅをおくりました。

雪合戦《ゆきがっせん》の奇抜《きばつ》な作戦《さくせん》

ナポレオンが、幼年学校《ようねんがっこう》二年生《ねんせい》になった冬《ふゆ》。幼年学校《ようねんがっこう》のあるパリに近《ちか》い、ブリエンヌの街《まち》は大雪《おおゆき》にみまわれました。

「きょうは、二年生《ねんせい》と三年生《ねんせい》で、雪合戦《ゆきがっせん》をおこなうことにする。相手《あいて》の陣地《じんち》に立《た》っている旗《はた》を、先《さき》にとったほうが勝《か》ちとする」

先生《せんせい》のことばと朝《あさ》の雪景色《ゆきげしき》に、生徒《せいと》たちは大《おお》よろこび。

二年生《ねんせい》のしき官《かん》は、級長《きゅうちょう》のナポレオンです。

一一歳《さい》の生徒《せいと》が、ひとまわりからだの大《おお》きい一二歳《さい》の生徒《せいと》に合戦《かっせん》をいどんでいくのですから、正面《しょうめん》からまともに戦《たたか》っては、体力的《たいりょくてき》にも勝《か》ち目《め》はありません。

そこで、ナポレオンは二年生全員《ねんせいぜんいん》をあつめ、円陣《えんじん》を組《く》んで作戦《さくせん》をねりはじめました。

「いいかい。陣地《じんち》の中《なか》にあなをほって、そこにたくさん雪玉《ゆきだま》をかくしておくんだ。それから、味方《みかた》を四《よっ》つの班《はん》に分《わ》ける。つまり、中央《ちゅうおう》こうげき隊《たい》、陣地《じんち》を守《まも》る隊《たい》、左右《さゆう》から攻《せ》める隊《たい》だ。それぞれが、自分《じぶん》の任務《にんむ》をきちんとはたせば、上級生《じょうきゅうせい》でも、かならず勝《か》てるはずだ……」

先生《せんせい》の笛《ふえ》のあいずで、雪合戦《ゆきがっせん》がはじまりました。

運動場《うんどうじょう》の東西《とうざい》の陣地《じんち》に、旗《はた》がはためきました。

三年生《ねんせい》は、「オーウ！」と、気勢《きせい》をあげると、かたく丸《まる》めた雪《ゆき》の玉《たま》を両手《りょうて》にもって、じわじわと、二年生《ねんせい》の陣地《じんち》に攻《せ》めてきました。

「玉《たま》にあたらないように、からだをふせろ。あせらずに、雪玉《ゆきだま》をたくさんつくっておけ！」

一歩《ぽ》、二歩《ほ》……五〇人《にん》ほどの三年生《ねんせい》が、しだいに近《ちか》づいてきました。

「しんぼうしろ！」

ナポレオンは、まだ二年生《ねんせい》を動《うご》かしません。じっと待《ま》って、三年生《ねんせい》を手前《てまえ》に引《ひ》きよせようとしていたのです。

相手《あいて》が、二〇メートルほどに近《ちか》づいたとき、ナポレオンは手《て》を大《おお》きくふりました。

「こうげき、開始《かいし》！」

二年生《ねんせい》の、はんげきがはじまりました。

二年生《ねんせい》の陣地《じんち》には、かたくにぎられた、たくさんの雪玉《ゆきだま》がつくられています。

三年生《ねんせい》は、両手《りょうて》に二《ふた》つしか雪玉《ゆきだま》を持《も》っていません。あわてて、雪《ゆき》をすくって玉《たま》をつくろうとします。ですが、二年生《ねんせい》の矢《や》つぎばやのこうげきに、自分《じぶん》のからだを守《まも》るのが精《せい》いっぱいでした。雪玉《ゆきだま》をつくるよゆうなどありません。

またたくまに、三年生《ねんせい》は、クモの子《こ》をちらすように、逃《に》げだしました。

「すすめっ！」

ナポレオンのかけ声《ごえ》とどうじに、雪玉《ゆきだま》を手《て》にした二〇人《にん》の中央《ちゅうおう》こうげき隊《たい》が、いっせいに走《はし》りだしました。

一〇人《にん》の陣地《じんち》しゅび隊《たい》をのこして、左右《さゆう》のこうげき隊《たい》も立《た》ち上《あ》がりました。はさみうち作《さく》戦《せん》はみごとに成功《せいこう》しました。敵《てき》の旗《はた》は、いっしゅんのうちに、二年生《ねんせい》の手《て》に落《お》ちました。

雪合戦《ゆきがっせん》のようすを見《み》ていた、担任《たんにん》の先生《せんせい》は、ひげをなでながらいいました。

「たたかいは、体力《たいりょく》だけで勝《か》てるものではない。ナポレオンくんの作戦《さくせん》に、先生《せんせい》は感心《かんしん》したよ」

と、ほめてくれました。


その後《ご》、ナポレオンは、幼年学校《ようねんがっこう》から士官学校《しかんがっこう》へとすすみ、卒業《そつぎょう》すると、砲兵将校《ほうへいしょうこう》として活《かっ》やくしました。

フランス革命《かくめい》がおきると、司令官《しれいかん》として革命軍《かくめいぐん》に参加《さんか》し、イギリスや、イタリアを破《やぶ》って、国民的《こくみんてき》な英雄《えいゆう》となりました。

三〇歳《さい》のとき、フランス政府《せいふ》を倒《たお》して実権《じっけん》をにぎり、その五年後《ねんご》には、皇帝《こうてい》の座《ざ》につきました。そしてすぐに、有名《ゆうめい》な『ナポレオン法典《ほうてん》』をつくりました。

ところが、ナポレオンは皇帝《こうてい》になると、「全《ぜん》ヨーロッパを支配《しはい》しよう」と、ロシアなどを攻《せ》めました。しかし、すべて失敗《しっぱい》。皇帝《こうてい》を退位《たいい》させられ、南大西洋《みなみたいせいよう》のセント・ヘレナ島《とう》という小《ち》さな島《しま》に閉《と》じこめられてしまいました。病気《びょうき》になり、一八二一年《ねん》、五二歳《さい》で、さびしくこの世《よ》を去《さ》りました。

『ナポレオン』って何をした人？

（1769 ～ 1821）フランスの皇帝・軍人

フランス領《りょう》コルシカ島《とう》の小貴族《しょうきぞく》の子《こ》として生《う》まれました。王立陸軍幼年学校《おうりつりくぐんようねんがっこう》・士官学校《しかんがっこう》を卒業《そつぎょう》し、フランス砲兵隊員《ほうへいたいいん》となりました。フランス革命《かくめい》がおこると、革命軍《かくめいぐん》の旅団長《りょだんちょう》としてイギリスをやぶり陸軍少将《りくぐんしょうしょう》になりました。連戦《れんせん》連勝《れんしょう》して、その名《な》をとどろかせていきました。一七九九年《ねん》にクーデターで総裁政府《そうさいせいふ》をたおして実権《じっけん》をにぎりました。一八〇四年《ねん》には帝政《ていせい》をひらいて皇帝《こうてい》になりました。それからも戦争《せんそう》をつづけ、ヨーロッパのほとんどを征服《せいふく》しました。それにイギリスには大陸封鎖令《たいりくふうされい》をだしましたが、失敗《しっぱい》してしまい、皇帝《こうてい》の座《ざ》を追《お》われ、エルバ島《とう》に流《なが》されてしまいました。一度《ど》は脱出《だっしゅつ》し、ふたたび皇帝《こうてい》の座《ざ》にかえりざいたものの、ふたたび戦争《せんそう》にやぶれ、セント・ヘレナ島《とう》に流《なが》され、その地《ち》でさびしくなくなりました。

お母さんやお父さんへ

読み聞かせのための予備知識

西暦	年齢	（※年齢は満年齢で計算）
一七六九	0	コルシカ島の名家に、一二人兄弟の四男として生まれる。
一七七八	9	父とともにフランスに渡る。
一七七九	10	王立陸軍幼年学校に入学する。国王の給費生になる。
一七八四	15	パリの王立陸軍士官学校に入学する。
一七八五	16	父が亡くなる。砲兵少尉として軍に勤務する。
一七八九	20	〔バスティーユ襲撃。フランス革命がはじまる〕
一七九三	24	〔ルイ一六世、マリー・アントワネットが処刑される〕 トゥーロンをイギリスから奪還し、陸軍少将になる。
一七九五	26	ヴァンデミエールの反乱を鎮圧し、国内最高司令官になる。
一七九六	27	イタリア方面軍の最高司令官になり、イタリア遠征。ジョゼフィーヌと結婚する。

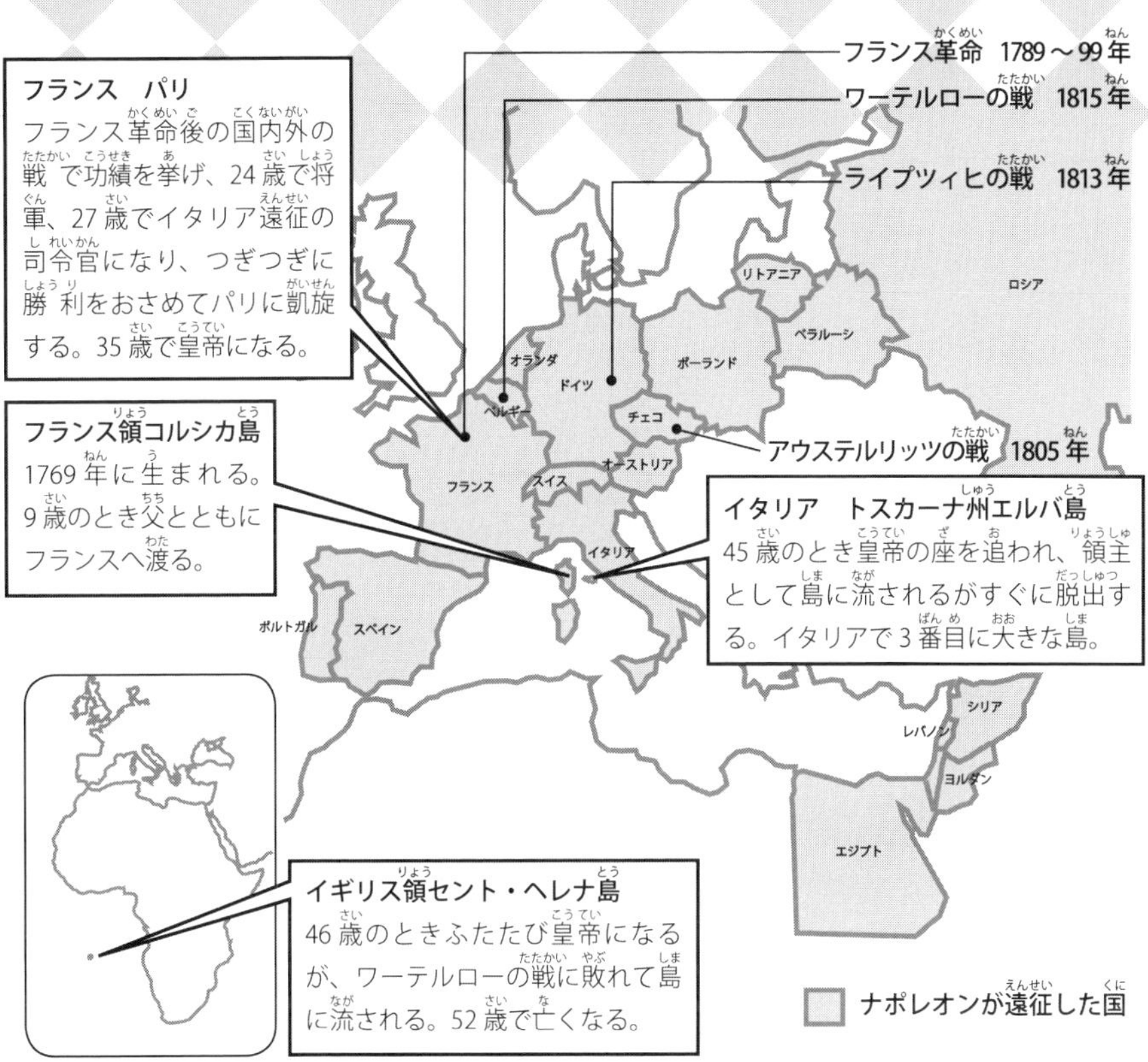
フランス革命《かくめい》 1789～99年《ねん》
ワーテルローの戦《たたかい》 1815年《ねん》
ライプツィヒの戦《たたかい》 1813年《ねん》
フランス　パリ
フランス革命後《かくめいご》の国内外《こくないがい》の戦《たたかい》で功績《こうせき》を挙《あ》げ、24歳《さい》で将軍《しょうぐん》、27歳《さい》でイタリア遠征《えんせい》の司令官《しれいかん》になり、つぎつぎに勝利《しょうり》をおさめてパリに凱旋《がいせん》する。35歳《さい》で皇帝《こうてい》になる。
フランス領《りょう》コルシカ島《とう》
1769年《ねん》に生《う》まれる。9歳《さい》のとき父《ちち》とともにフランスへ渡《わた》る。
イタリア　トスカーナ州《しゅう》エルバ島《とう》
45歳《さい》のとき皇帝《こうてい》の座《ざ》を追《お》われ、領主《りょうしゅ》として島《しま》に流《なが》されるがすぐに脱出《だっしゅつ》する。イタリアで3番目《ばんめ》に大《おお》きな島《しま》。
アウステルリッツの戦《たたかい》 1805年《ねん》
イギリス領《りょう》セント・ヘレナ島《とう》
46歳《さい》のときふたたび皇帝《こうてい》になるが、ワーテルローの戦《たたかい》に敗《やぶ》れて島《しま》に流《なが》される。52歳《さい》で亡《な》くなる。
ナポレオンが遠征《えんせい》した国《くに》
リトアニア
ロシア
ベラルーシ
オランダ
ドイツ
ポーランド
ベルギー
チェコ
フランス
スイス
オーストリア
イタリア
ポルトガル
スペイン
シリア
レバノン
ヨルダン
エジプト

一七九七	28	エジプト遠征。
一七九九	30	単身エジプトからフランスへ戻る。クーデターを起こし新政府をつくる。
一八〇二	33	イタリア共和国大統領になる。
一八〇四	35	フランス民法典（ナポレオン法典）を制定。皇帝に選ばれる。
一八〇六	37	産業革命期のイギリスに対して大陸封鎖令を出す。ヨーロッパの経済を支配しようとする。
一八一二	43	〔ロシア戦役〕厳しい寒さと飢えで大敗。
一八一三	44	各国で解放戦争がはじまる。ライプツィヒで敗れ、連合国が講和を提案するが拒否する。
一八一四	45	〔フランス戦役〕連合国軍に敗れる。皇帝を退位、エルバ島に追放される。
一八一五	46	エルバ島を脱出し、パリで皇帝に復位。ワーテルローの戦で敗れ、すぐに退位させられる。セント・ヘレナ島に幽閉される。
一八二一	52	遺言を書きはじめ、セーヌ河畔に埋葬されることを希望。亡くなる。

●愛《あい》の教育《きょういく》の土台《どだい》をきずいた

ペスタロッチ

貧《まず》しさのなかで

ハインリヒは、学校《がっこう》から帰《かえ》ってくると、すぐに洋服《ようふく》を着《き》がえます。外出着《がいしゅつぎ》とふだん着《ぎ》をきちんとくべつして、服《ふく》をできるだけていねいに着《き》ることを、母《はは》から教《おそ》わっていたからです。

「ねえ、お母《かあ》さん。あしたの日曜日《にちようび》、どこかへ遊《あそ》びにつれて行《い》ってよ」

ハインリヒは、母《はは》のそばにきて、せがみました。

母《はは》はセーターをあみながら、かるくほほえみましたが、首《くび》はしずかに左右《さゆう》にふられていました。

ちょうどそこへ、お手伝《てつだ》いのバーベリー姉《ねえ》さんが入《はい》ってきて「市場《いちば》へ買《か》いものに行《い》こう」と、ハインリヒをうながしました。

市場《いちば》へむかうとちゅうで、バーベリー姉《ねえ》さんは、ハインリヒをさとしました。

「ハインリヒ、あなたはなぜお母《かあ》さまを困《こま》らせるのですか。お母《かあ》さまは、お父《とう》さまがお亡《な》くなりになってから、節約《せつやく》のために、外《そと》へ出《で》ることを、じっとこらえていらっしゃるんですよ。ハインリヒも小学生《しょうがくせい》になったのですから、もう、むりをいうのはおやめなさいね」

ハインリヒは、バーベリー姉さんがだいすきでした。ですから、かの女《じょ》のことばには、いつもすなおにうなずいていたのです。

ヨハン・ハインリヒ・ペスタロッチは、一七四六年《ねん》、スイスのチューリッヒで生《う》まれました。父《ちち》は町《まち》の人《ひと》たちから信用《しんよう》のあつい、親切《しんせつ》な内科医《ないかい》でしたが、ハインリヒが五歳《さい》のときに、ふとしたかぜがもとで、この世《よ》を去《さ》ってしまったのです。

父《ちち》の遺産《いさん》は、ほとんどありませんでした。

三人《にん》の子《こ》どもをのこされた母《はは》は、できるかぎり生活《せいかつ》をきりつめようと、外出《がいしゅつ》して遊《あそ》んだり、買《か》いものをすることもやめて、家族《かぞく》を守《まも》ったのです。

けれど母《はは》は、子《こ》どもの教育《きょういく》にかけるお金《かね》だけは、おしみませんでした。

「子《こ》どもは、あしたの社会《しゃかい》を背《せ》おって立《た》つ、宝《たから》ものなのだ。明《あか》るく、すこやかに育《そだ》て、学問《がくもん》はたくさん、身《み》につけさせてやらなければいけない」

と、考《かんが》えていたのです。

お手伝《てつだ》いのバーベリー姉《ねえ》さんは、ハインリヒの父《ちち》が亡《な》くなり家《いえ》が貧《まず》しくなってからも、そのままペスタロッチ家《け》にのこり、母《はは》に協力《きょうりょく》して、生活《せいかつ》をかげからささえてくれていたのでした。

バーベリー姉《ねえ》さんは、小学校《しょうがっこう》も出《で》ていなかったのですが、とてもかしこいお手伝《てつだ》いさんでした。ですから、いつも母《はは》にかわってハインリヒに、心《こころ》のやさしい人《ひと》になること、人《ひと》に親切《しんせつ》にしてあげること、人《ひと》のいやがることをすすんですることを、教《おし》えつづけていたのです。

町《まち》の市場《いちば》は、夕《ゆう》がたの買《か》いもの客《きゃく》で、にぎわっていました。

「ハインリヒ、いいですか。ものを一つ買《か》うのにも、お金《かね》はだいじにつかわなければいけませんよ」

バーベリーは、良《よ》い品物《しなもの》を安《やす》く手《て》にいれる方法《ほうほう》を、ハインリヒに教《おし》えました。

それは、ほしいものが目《め》にとびこんできても、すぐには手《て》を出《だ》さないことです。市場《いちば》じゅうをじっくりと歩《ある》いて、すこしでも安《やす》く売《う》っている店《みせ》に、目星《めぼし》をつけておくのです。やがて、その店《みせ》の人《ひと》が、売《う》れのこった品物《しなもの》を、かごにしまって帰《かえ》ろうとするところにとんでいき、品《しな》物《もの》につけられていたねだんから、さらにまけさせて安《やす》く買《か》う、というのです。

「そうすると、二日分《ふつかぶん》の食《た》べものが、四日分《よっかぶん》になるでしょう。お金《かね》を、むだにつかうことはないのよ」

ハインリヒは、バーベリー姉《ねえ》さんの買《か》い物《もの》のしかたを見習《みなら》いながら、お金《かね》をたいせつにすることや、頭《あたま》を働《はたら》かせて、じょうずに生活《せいかつ》していくことなどを身《み》につけていきました。

貧《まず》しく、不自由《ふじゆう》な生活《せいかつ》でしたが、母《はは》とバーベリー姉《ねえ》さんのおかげで、ペスタロッチ家《け》には、いつもあたたかい心《こころ》の灯《ひ》がともっていたのです。

先生《せんせい》が逃《に》げていく

「おい、校舎《こうしゃ》がゆれはじめたぞ！」

「これは、大《おお》きな地震《じしん》だ。ふせたほうがいい！」

ハインリヒが教科書《きょうかしょ》をひろげ、えんぴつをとり出《だ》したときに、教室《きょうしつ》がぐらぐらとはげしくゆれはじめました。

「こわいよう！」

生徒《せいと》たちはみんなまっ青《さお》になって、一度《いちど》はそこにうずくまりました。が、つぎのしゅんかん、教室《きょうしつ》からろう下《か》にとび出《だ》していく何人《なんにん》かの仲間《なかま》を見《み》て、全員《ぜんいん》がせまい戸口《とぐち》におしよせました。かべのかけらが落《お》ちてきました。

――たすけて！

——おさないでよう！

ハインリヒは、からだがちいさかったうえに、運動神経《うんどうしんけい》がにぶかったので、逃《に》げるのがいちばんさいごになってしまいました。

ろう下《か》でぐずぐずしていると、ふたたび床《ゆか》がゆれはじめました。そこにいた一〇数人《すうにん》の生《せい》徒《と》が、ばたばたとろう下《か》になぎ倒《たお》されてしまいました。

そのとき、あとからきた男《おとこ》の先生《せんせい》が、倒《たお》れている生徒《せいと》たちには目《め》もくれず、生徒《せいと》たちの頭《あたま》をふみこえて外《そと》へ逃《に》げ出《だ》していったのです。

ハインリヒは、くやしさのあまり、ふせたまま、にぎりこぶしでなんどもろう下《か》をたたきました。

（なんというひどい先生《せんせい》だ。先生《せんせい》ならばぼくたちをだきおこして、ひとりでも多《おお》くの生徒《せいと》をたすけるべきじゃないか。いつも「良《よ》いことをするように」と教《おし》えている先生《せんせい》が、自分《じぶん》ひとりだけたすかろう、としたのはどういうわけだ）

でも、いつまでもそこにいると、三度目《どめ》の地震《じしん》がきて校舎《こうしゃ》がつぶれてしまうかもしれないと思《おも》い、けがをした生徒《せいと》をみんなでかばいあいながら、やっと校庭《こうてい》に出《で》たのです。

しばらくして、地震《じしん》はおさまりましたが、余震《よしん》がつづく心配《しんぱい》もあったので、その日《ひ》の授業《じゅぎょう》

はとりやめになりました。

　すると、ガキ大将《だいしょう》の生徒《せいと》がハインリヒをつかまえて、

「おれのぼうしと、教科書《きょうかしょ》をとってきてくれ」

と、たのみました。するとほかの生徒《せいと》も、

「おれのかばんもたのむ」

「おれのも……」

と、たのみはじめたのです。

　ハインリヒ自身《じしん》、きけんな教室《きょうしつ》にもどるのは、こわかったので、口《くち》をもぐもぐさせて、へんじをしませんでした。ですが、もともと「いや」といえない性分《しょうぶん》だったので、しかたなくだまってうなずいてしまいました。

「ハインリヒは、勇気《ゆうき》があるなあ」

「いや、あいつはお人《ひと》よしなのさ」

　生徒《せいと》たちのささやきを背《せ》に受《う》けながら、ハインリヒは、教室《きょうしつ》と校庭《こうてい》とのあいだを、なんども往復《おうふく》して、仲間《なかま》が置《お》いてきた学習道具《がくしゅうどうぐ》をはこびだしました。

　ハインリヒは、このときラテン語学校《ごがっこう》の二年生《ねんせい》で九歳《さい》でした。ハインリヒは小学校時代《しょうがっこうじだい》、

みんなから「のろまのハイン」「ぶきようのハリ」などと、ばかにされていましたが、しかし、おこないは正《ただ》しく、母《はは》や、お手伝《てつだ》いのバーベリー姉《ねえ》さんのことばを信《しん》じて、「仲間《なかま》にやさしくすること」「うそをつかないこと」を、しっかりと守《まも》っていたのです。

その日《ひ》、家《いえ》に帰《かえ》ってから、ハインリヒは母《はは》にすべてを話《はな》しました。

「あなたは、人《ひと》に親切《しんせつ》にするつもりでやったのでしょう。それがほんとうの勇気《ゆうき》というものなのですよ」

母《はは》は、ハインリヒの頭《あたま》をなでました。

「それにしても、生徒《せいと》たちをおきざりにして、逃《に》げだしていった先生《せんせい》の態度《たいど》は、しゃくにさわったよ」

「それでは、おとなになったら、あなたが先生《せんせい》になって、お手本《てほん》をしめせばいいでしょう」

「うん。ぼく、先生《せんせい》になってみせる」

一七五五年《ねん》二月《がつ》一九日《にち》、ポルトガルのリスボンで起《お》こった大地震《だいじしん》は、とおくはなれたここスイスにまでおよびました。そこで、ひとりの少年《しょうねん》ハインリヒに大《おお》きな影響《えいきょう》をあたえることになったのです。

愛《あい》の教育《きょういく》を

チューリッヒから、一五キロほどはなれたところにあるヘンク村《むら》に、ハインリヒの祖父《そふ》アンドレアスが住《す》んでいました。

祖父《そふ》は、村《むら》の牧師《ぼくし》で、ハインリヒは、毎年夏休《まいとしなつやす》みになると祖父《そふ》の家《いえ》ですごしていました。ですから、ときには祖父《そふ》のあとについて、病人《びょうにん》や、貧《まず》しい人《ひと》のいる家《いえ》をたずねて歩《ある》きました。

村《むら》には、何人《なんにん》かの大金持《おおがねも》ちがいて、貧《まず》しい人《ひと》たちをどれいのようにあつかい、自分《じぶん》たちは遊《あそ》んでくらしていました。ですから、ほとんどの村《むら》びとは、その日《ひ》のくらしにも困《こま》るほどの、どん底《ぞこ》の生活《せいかつ》に追《お》いこまれていたのです。

貧《まず》しい家庭《かてい》の子《こ》どもは学校《がっこう》へも行《い》けず、親《おや》といっしょになって、朝《あさ》はやくから、日《ひ》がしずむまで働《はたら》いていました。いつも破《やぶ》れた服《ふく》を着《き》て、目《め》もとはおちくぼんで、希望《きぼう》のない毎日《まいにち》をおくっていたのです。

（どうしてあの人《ひと》たちは、あんなに働《はたら》かなければならないのだろうか。そのうえ、どうして学校《がっこう》へも行《い》けないのだろうか。お金持《かねも》ちと貧《まず》しい人《ひと》との差《さ》は、なぜできるのだろうか？）

ハインリヒは、村《むら》のことをていねいに調《しら》べました。知《し》れば知《し》るほど、そうした疑問《ぎもん》がわいてくるのでした。

祖父《そふ》は、やさしい慈愛《じあい》の心《こころ》で、貧《まず》しい人《ひと》びとの家《いえ》を、一けん一けんまわっては、キリストの教《おし》えをとき、不幸《ふこう》とたたかうようにはげましていました。

ですが農民《のうみん》の生活《せいかつ》は、いつまでたっても、すこしもよくなりませんでした。

(政治《せいじ》が悪《わる》いんだなあ)

ハインリヒは、子《こ》ども心《ごころ》にも、世《よ》の中《なか》を見《み》つめる目《め》を持《も》ちはじめていたのです。

ところが祖父《そふ》は、「政治《せいじ》が悪《わる》い」ということばを、ひとことも口《くち》には出《だ》さず、ただひたすら、教《おし》えだけをといて歩《ある》いたのです。

ハインリヒは、そんな祖父《そふ》の力《ちから》づよさに胸《むね》をうたれ、自分《じぶん》も神学《しんがく》の勉強《べんきょう》をしようと思《おも》うようになりました。また、世《よ》の中《なか》をもっと良《よ》くするために、あたらしい学問《がくもん》をしなければならない、とも考《かんが》えるようになりました。

ある日《ひ》、ハインリヒは、そうした自分《じぶん》の気持《きも》ちを、母《はは》にぶつけて相談《そうだん》してみました。

「わたしはなにもいいません。ハインリヒが自分《じぶん》の目《め》で見《み》つめ、考《かんが》えたことを、自分《じぶん》でだいじに育《そだ》てていけばいいのです。お母《かあ》さんは、あなたに学費《がくひ》を、よろこんで出《だ》してあげますよ。あなたのすすみたい道《みち》を、どこまでも自分《じぶん》の力《ちから》で切《き》りひらいていきなさい」

母《はは》のことばに、ハインリヒは思《おも》わず目《め》がしらをあつくしました。

ハインリヒはその後《ご》、人文大学《じんぶんだいがく》に入学《にゅうがく》しました。小学校時代《しょうがっこうじだい》に「のろまのハイン」と、よばれていたかれは、ついに、その大学《だいがく》で首席《しゅせき》になりました。

大学《だいがく》で研究《けんきゅう》をすすめていくうちに、スイスの国《くに》では、いろいろなところに、たくさんの差《さ》別《べつ》があることを知《し》りました。

（おなじ人間《にんげん》のなかで、差別《さべつ》などあってはいけない）

ハインリヒは、なぜ差別《さべつ》がおきるのか、と研究《けんきゅう》をはじめ、そのことを論文《ろんぶん》にまとめ、世間《せけん》に発表《はっぴょう》しました。

大学《だいがく》をおえたハインリヒは、貧《まず》しい家庭《かてい》の子《こ》どもたちだけをあつめた学校《がっこう》をつくったり、孤児院《こじいん》の世話《せわ》を引《ひ》きうけて、心《こころ》をとざしてしまった子《こ》どもたちを更生《こうせい》させました。

ヨハン・ハインリヒ・ペスタロッチの教育《きょういく》の特長《とくちょう》は、「むちの教育《きょういく》から、愛《あい》の教育《きょういく》へ」といわれています。子《こ》どもたちを愛情《あいじょう》によって、すこやかに成長《せいちょう》させるとともに、子《こ》ども自身《じしん》にも、愛《あい》の心《こころ》をもって生活《せいかつ》するように教《おし》えたのです。

この考《かんが》えは、今日《こんにち》の教育《きょういく》の土台《どだい》ともなっています。

『ペスタロッチ』って何をした人？

（1746 ～ 1827）小学校教育の創始者

スイスのチューリッヒに医師《いし》の子《こ》として生《う》まれました。あるとき農村《のうそん》へ行《い》き、貧《まず》しいために勉強《べんきょう》をすることができない子《こ》どもたちが、たくさんいることにおどろきました。大学《だいがく》を卒業《そつぎょう》すると、ノイホーフと名《な》づけた農場《のうじょう》を経《けい》営《えい》しながら、まずしい家庭《かてい》の子《こ》どもたちを集《あつ》めて学校《がっこう》をひらきました。ところが、経済的《けいざいてき》にゆきづまり、学校経営《がっこうけいえい》は失敗《しっぱい》してしまいました。しかし「すべての子《こ》どもたちに教育《きょういく》を……」という思《おも》いは強《つよ》まっていきました。そこで教育《きょういく》に関《かん》する本《ほん》を書《か》きはじめました。感想《かんそう》録《ろく》『隠者《いんじゃ》の夕暮《ゆうぐ》れ』、教育小説《きょういくしょうせつ》『リーンハルトとゲルトルート』は大《おお》きな反響《はんきょう》をよびました。一七九八年《ねん》のスイス革命《かくめい》後《ご》、国《くに》に模範学《もはんがっ》校《こう》をつくることを提言《ていげん》。孤児院《こじいん》や女子学校《じょしがっこう》などで教《おし》えながら、世界《せかい》ではじめて、小学校《しょうがっこう》教《きょう》育《いく》の専門書《せんもんしょ》を書《か》きました。

お母さんやお父さんへ

読み聞かせのための予備知識

（※年齢は満年齢で計算）

西暦	年齢	
一七四六	0	スイスのチューリッヒで生まれる。父は外科医だった。
一七五一	5	父が亡くなる。母とお手伝いのバーベリに育てられる。
一七五四	8	ラテン語学校に入学する。ヘンクにいる牧師の祖父を訪ね、村の貧しい子どもたちの現状を知る。
一七六一	15	カルル大学に入学する。神学と法律を学ぶ。
一七六五	19	大学を中退する。
一七六八	22	アールガウ州のビルに荒地を買い、開拓する。
一七七四	28	貧民学校をひらく。
一七八〇	34	貧民学校を閉じる。執筆活動に専念する。自らの教育思想を著した「隠者の夕暮れ」を発表する。
一七八一	35	小説「リーンハルトとゲルトルート」を発表し、絶賛される。
一七八二	36	〔フレーベルが生まれる（ドイツ）〕
一七九八	52	〔スイス革命〕新政府からシュタンツの孤児院

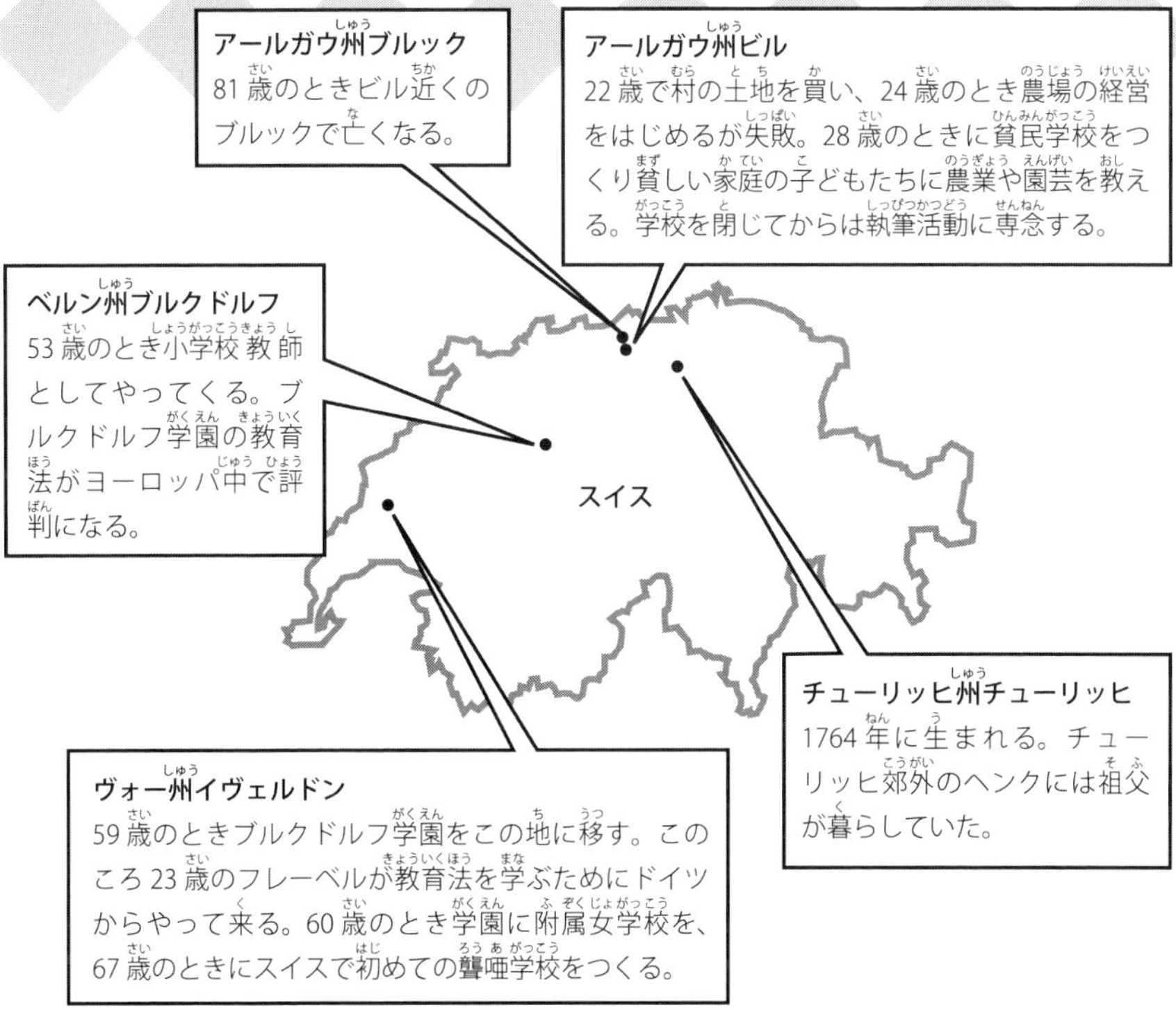
アールガウ州《しゅう》ブルック
81歳《さい》のときビル近《ちか》くのブルックで亡《な》くなる。
アールガウ州《しゅう》ビル
22歳《さい》で村《むら》の土地《とち》を買《か》い、24歳《さい》のとき農場《のうじょう》の経営《けいえい》をはじめるが失敗《しっぱい》。28歳《さい》のときに貧民学校《ひんみんがっこう》をつくり貧《まず》しい家庭《かてい》の子《こ》どもたちに農業《のうぎょう》や園芸《えんげい》を教《おし》える。学校《がっこう》を閉《と》じてからは執筆活動《しっぴつかつどう》に専念《せんねん》する。
ベルン州《しゅう》ブルクドルフ
53歳《さい》のとき小学校教師《しょうがっこうきょうし》としてやってくる。ブルクドルフ学園《がくえん》の教育《きょういく》法《ほう》がヨーロッパ中《じゅう》で評判《ひょうばん》になる。
スイス
チューリッヒ州《しゅう》チューリッヒ
1764年《ねん》に生《う》まれる。チューリッヒ郊外《こうがい》のヘンクには祖父《そふ》が暮《く》らしていた。
ヴォー州《しゅう》イヴェルドン
59歳《さい》のときブルクドルフ学園《がくえん》をこの地《ち》に移《うつ》す。このころ23歳《さい》のフレーベルが教育法《きょういくほう》を学《まな》ぶためにドイツからやって来《く》る。60歳《さい》のとき学園《がくえん》に附属女学校《ふぞくじょがっこう》を、67歳《さい》のときにスイスで初《はじ》めての聾唖学校《ろうあがっこう》をつくる。

に派遣される。

一七九九	53	政府の意向で孤児院が閉鎖され、ブルクドルフの小学校の教師になる。
一八〇〇	54	ブルクドルフ学園をひらく。
一八〇一	55	「ゲルトルート児童教育法」を発表。学園の評判が高まりヨーロッパ中から教育者が集まる。
一八〇四	58	国から退去勧告を受け、ニュンヘンブーフゼーとイヴェルドンに分かれて学園を移転。
一八〇五	59	学園をイヴェルドンへ全面的に移転。〔フレーベルが訪ねてくる〕
一八〇六	60	学園に、当時まだめずらしかった女学校を併設する。
一八〇八	62	〔フレーベルが研究のため二年間滞在する〕
一八一三	67	スイス初の、目や耳が不自由な子どものための聾唖学校をひらく。
一八一七	71	ペスタロッチ全集出版の契約がきまる。その契約金でつぎの年、クランディに貧民学校をひらく。
一八二五	79	教師同士の対立からイヴェルドン学園を閉じる。ビルに戻る。
一八二七	81	ビルちかくのブルックで亡くなる。

●世界《せかい》ではじめて幼稚園《ようちえん》をつくった

フレーベル

小鳥《ことり》と遊《あそ》ぶ

森《もり》の奥《おく》で小鳥《ことり》が舞《ま》うたびに、やわらかな春《はる》の光《ひかり》が、木々《きぎ》のあいだからあたりにとびちっていきます。

おだやかな風《かぜ》が、フリードリヒのほおを、ここちよくなでていきます。

「ムクドリさん、きょうは何《なに》して遊《あそ》ぶの？」

さえずる小鳥《ことり》に、フリードリヒは、やさしく話《はな》しかけるのでした。

シジュウカラ、ヒヨドリ、ムクドリ、キジ、メジロ、アオゲラ……毎日《まいにち》、森《もり》に遊《あそ》びにやってくるフリードリヒは、まだ五歳《さい》だというのに、鳥《とり》のなき声《ごえ》だけで、それが何《なん》という鳥《とり》かを聞《き》きわけることができたのです。

チョッピイ　チュチュ

チョッピイ　チュチュ

でも、ときどき、聞《き》いたおぼえのないなき声《ごえ》を耳《みみ》にすると、山仕事《やましごと》にむかうおじさんたちに、たずねたりするのでした。

「おじさん、あの声《こえ》は何《なん》という鳥《とり》なの？」

「ああ、あれか……あれは、ホオジロだ」

フリードリヒは森《もり》の中《なか》で遊《あそ》んでいるうちに、小鳥《ことり》だけでなく、草花《くさばな》や木《き》のなまえまで、すっかりおぼえてしまいました。

のちに、世界《せかい》ではじめて幼稚園《ようちえん》をつくった、フリードリヒ・ヴィルヘルム・アウグスト・フレーベルは、一七八二年《ねん》四月《がつ》二一日《にち》、ドイツのオーベルヴァイスバッハに生《う》まれました。

父《ちち》は牧師《ぼくし》で、フリードリヒは六人目《にんめ》の子《こ》どもでした。

母《はは》は、フリードリヒをうんだあと、からだをこわし、まもなく天国《てんごく》へ行《い》ってしまったのです。

父《ちち》は、あたらしい母《はは》をむかえました。

フリードリヒが四歳《さい》になったとき、二度目《どめ》の母《はは》に、赤《あか》ちゃんが生《う》まれました。

すると、母《はは》は子育《こそだ》てにいそがしくなり、フリードリヒには、あまり目《め》をむけてくれなくなってしまいました。

「お母《かあ》さんは、カール（生《う》まれた赤《あか》ちゃん）ばっかり、かわいがるんだから……」

フリードリヒは、口《くち》をとがらせました。

すると、父《ちち》が、にらみつけます。

「フリッツ、お母《かあ》さんを、困《こま》らせるんじゃない！」

「ふん、ガミガミいうお父《とう》さんなんて、きらいだい」

フリードリヒは、父《ちち》にまで、さからうようになりました。

ほんとうは、両親《りょうしん》にかわいがってもらいたかったのですが、まだ自分《じぶん》の気持《きも》ちを、すなおに伝《つた》えることができなかったのです。

牧師《ぼくし》である父《ちち》は、村《むら》の人《ひと》たちの心《こころ》をなぐさめたり、指導《しどう》したりする立場《たちば》にあったものですから、フリードリヒへのしつけもきびしいものでした。

「フリッツは、神《かみ》さまへのおいのりが、たりないから、わがままな子《こ》になってしまうんだ」

父《ちち》は、そうきめつけて、フリードリヒに教会《きょうかい》での礼拝《れいはい》を、むりにすすめたのでした。

五歳《さい》のフリードリヒには、まだ聖書《せいしょ》の意味《いみ》もよくわかりません。そんなときには、きまって、教会《きょうかい》の道具《どうぐ》や、本《ほん》などがしまってある物《もの》おきべやに、かくれてしまいました。

「あなたのしつけが、あまいからですよ。もっともっと、きびしくしつけてください。将来《しょうらい》どんな子《こ》になってしまうか、わかりませんよ」

母《はは》の、いきり立《た》った声《こえ》が聞《き》こえてきます。

（お父《とう》さんも、お母《かあ》さんも、ぼくの気持《きも》ちを、わかってくれないんだ。ぼくは、みんなにかわいがってもらいたいのに……）

フリードリヒは、暗《くら》いへやの中《なか》で、じっとひざをかかえて、なみだぐんでいました。

心《こころ》をとざす

フリードリヒの父《ちち》は、がんこで、子《こ》どものいうことには耳《みみ》をかさず、いつも自分《じぶん》の考《かんが》えばかりをおしつけていました。

「けっして、村《むら》の子《こ》とは、遊《あそ》んではいけない」

「うちの土地《とち》から、出《で》てはいけない」

六歳《さい》になり、すこしは、もの心《ごころ》がついてきたフリードリヒが、

「どうして？」

とたずねても、父《ちち》は、ただ、

「牧師《ぼくし》の家《いえ》の子《こ》どもだからだ」

と、頭《あたま》ごなしにいうだけでした。

父《ちち》は、子《こ》どもを、きびしく教育《きょういく》しているつもりだったのです。しかし、そのきびしさがか

えって、フリードリヒの心《こころ》をとざしてしまったのです。

教会《きょうかい》の中《なか》で、村《むら》の人《ひと》たちがフリードリヒに話《はな》しかけてきても、父《ちち》がいるときには、その顔《かお》色《いろ》をうかがってから返事《へんじ》をするようになってしまいました。

いつのまにか、フリードリヒは、相手《あいて》の気持《きも》ちをうけいれられない子《こ》どもになってしまったのです。

兄《あに》や姉《あね》たちは、町《まち》の大学《だいがく》や村《むら》の学校《がっこう》へ通《かよ》っていたので、ひるまは遊《あそ》んでもらえません。それで、フリードリヒは家《いえ》をぬけだし、森《もり》に入《はい》って遊《あそ》ぶことだけが、なによりのたのしみになっていたのです。

夕方《ゆうがた》、山仕事《やましごと》から帰《かえ》ってくる人《ひと》のかごをのぞきこんでは、

「きょう、山《やま》でとった草《くさ》は、何《なに》につかうの?」

と、たずねるのでした。

「これは、おなかがいたいときの、薬《くすり》になるんだよ」

「これは、香《かお》りのもとになる草《くさ》なんだよ」

そんなときのフリードリヒの目《め》はかがやき、まるであたらしい世界《せかい》の中《なか》にいるような気分《きぶん》になるのでした。

そのころ、オーベルヴァイスバッハにある、チューリンゲンの森《もり》でとれる薬草《やくそう》は、高《たか》く売《う》れたので、村《むら》のたいせつな資源《しげん》でもあったのです。

フリードリヒは、森《もり》の中《なか》にいると、いつも心《こころ》がおだやかになるのでした。

でも、家《いえ》に帰《かえ》ってくると、ふたたび、反抗心《はんこうしん》がばくはつするのでした。

「どこに行《い》っていたの？」

母《はは》がたずねても、

「うるさい！」

と、足《あし》で物《もの》をけるしまつ。

ほんとうは、母《はは》に、ギュッとだきしめてもらいたかったのです。でも、あたらしい母《はは》には、フリードリヒのさびしい気持《きも》ちが、わかりませんでした。

そのうちに父《ちち》のほうは、自分《じぶん》のしつけかたが、まちがっていたことを、うすうす感《かん》じはじめました。

（フリードリヒの自分勝手《じぶんかって》で、わがままな態度《たいど》は、どこからきたのだろうか。わたしのきびしさだろうか。おさないころの放任《ほうにん》だろうか）

父《ちち》は、フリードリヒが、自分《じぶん》の手《て》におえなくなってきたことを知《し》ると、

「フリードリヒを学校《がっこう》へ入《い》れて、勉強《べんきょう》させ、やさしい子《こ》にしなくては……」

と、考《かんが》えをあらためるようになりました。

七歳《さい》になったフリードリヒは、村《むら》にある女子学校《じょしがっこう》に通《かよ》うことになりました。そこでは、女《おんな》の子《こ》が百人《ひゃくにん》いる中《なか》で、男《おとこ》の子《こ》はフリードリヒたった一人《ひとり》。それでも、家《いえ》にいて両親《りょうしん》の顔色《かおいろ》をうかがっているよりは、気分《きぶん》がらくでした。

学校《がっこう》では、算数《さんすう》や国語《こくご》のほかに、聖書《せいしょ》をまなび、さんび歌《か》をうたいました。

「フリードリヒ、あなたは、計算《けいさん》の問題《もんだい》もすぐにとけるし、字《じ》もじょうずに書《か》けて、すばらしいわ。それに草《くさ》や、花《はな》や、鳥《とり》のなまえもたくさん知《し》っているので、感心《かんしん》してるのよ」

そういって、先生《せんせい》は、いつもほめてくれました。

学校《がっこう》では、自分《じぶん》のわがままが通《とお》りません。みんなできめたことを、一人《ひとり》ひとりが守《まも》っていかなければならない、ということに、フリードリヒは、はじめて気《き》がついたのでした。

「学校《がっこう》にいると、気持《きも》ちがおちつくんだ」

フリードリヒに、ふたたび笑顔《えがお》がもどってきました。

ホフマンおじさん

フリードリヒは、一〇歳《さい》になりました。

ある日《ひ》、シュタットイルムに住《す》んでいるホフマンおじさんが、牧師館《ぼくしかん》をたずねてきました。

ホフマンおじさんは、フリードリヒをうんだあと天国《てんごく》へ行《い》ってしまった母《はは》の、兄《あに》にあたります。いまは、シュタットイルムの町《まち》で、地方《ちほう》かんとく官《かん》という仕事《しごと》をしていました。

「フリードリヒ、元気《げんき》にやっているかい？」

おじさんは、フリードリヒの肩《かた》をたたいて顔《かお》をのぞきこみました。

ところが、フリードリヒは、うつろな目《め》をしていました。

おじさんはとっさに（この子《こ》は、何《なに》か、なやみをかかえているな）と感《かん》じとりました。

「この子《こ》は、わたしたちに反抗《はんこう》して、しょうがないんですよ」

母《はは》が、にくにくしげにフリードリヒをにらみつけました。

「そうなんだ、兄《にい》さん。わたしがいくらきびしくいっても、いうことを聞《き》いてくれない……」

父《ちち》までも、母《はは》に同調《どうちょう》するのでした。

ホフマンおじさんは、しばらくのあいだフレーベル家《け》に泊《と》まり、フリードリヒのようすを見《み》ることにしました。

（きびしく、こごとばかりいう父親《ちちおや》。自分《じぶん》のうんだ子《こ》どもばかりをかわいがる母親《ははおや》。フリードリヒは、愛情《あいじょう》にうえているのだ）

そう感《かん》じとったホフマンおじさんは、

「フリードリヒを、わたしに育《そだ》てさせてくれないか？」

と、たのみました。両親《りょうしん》は大《だい》さんせいです。こうしてフリードリヒは、ホフマンおじさんに引《ひ》きとられることになりました。

ホフマンおじさんは、妻《つま》と、むすこを亡《な》くしていたので、フリードリヒをわが子《こ》のようにかわいがってくれました。

フリードリヒは、あたたかい伯父《おじ》の心《こころ》につつまれて、自分《じぶん》のあたらしい生《い》きかたを見《み》つけだしていくようになりました。

伯父《おじ》から、「聖書《せいしょ》のはなし」をやさしく聞《き》くうちに、イエスさまの教《おし》えを、すなおに信《しん》じられるようになってきました。

シュタットイルムの初等学校《しょとうがっこう》に入学《にゅうがく》して、男《おとこ》の子《こ》の友《とも》だちも、ふえてきました。

もう、大自然《だいしぜん》の森《もり》だけが友《とも》だちではありません。

「おじさん、お友《とも》だちも、たくさんできたよ。ぼくのまわりには、イエスさまも、友《とも》だちも、鳥《とり》や、草花《くさばな》も、たくさんいるんだ」

フリードリヒの瞳《ひとみ》は、いきいきとかがやきはじめました。

それまで、心《こころ》をとざし、口《くち》もきかない子《こ》どもだったのが、まるでうそのように、なにごとにも、自分《じぶん》から積極的《せっきょくてき》にとびこんでいくようになったのです。

やがて、おとなになったフリードリヒ・フレーベルは考《かんが》えます。

「わたしは、さびしい少年時代《しょうねんじだい》をすごした。母《はは》にだかれなかったために、いじけてしまったこともあった。人間《にんげん》が生《い》きていくために一番《いちばん》たいせつなことは、おさない子《こ》どもをあたたかくつつんであげる教育《きょういく》なのだ」と。

フリードリヒは小学校《しょうがっこう》の先生《せんせい》になったあと、ふたたびベルリンの大学《だいがく》でまなびました。

その後《ご》、山村《さんそん》に学校《がっこう》をひらいたのでした。

「子《こ》どもを育《そだ》てるには、幼児期《ようじき》の、親《おや》の愛情《あいじょう》がなによりもだいじである」

世《よ》の中《なか》のお父《とう》さん、お母《かあ》さんたちのために、歌《うた》と絵《え》のはいった育児書《いくじしょ》もつくりました。また、教育《きょういく》の遊具《ゆうぐ》を考《かんが》えだしました。

「子《こ》どもは、想像力《そうぞうりょく》がたくましい。遊具《ゆうぐ》をつかって、心《こころ》とからだを育《そだ》てていこう」

フレーベルはおさないころ、小鳥《ことり》や、木《こ》の葉《は》と遊《あそ》んだ経験《けいけん》を思《おも》い出《だ》していたのです。

一八四〇年《ねん》には、ブランケンブルクに、世界《せかい》ではじめての幼稚園《ようちえん》をひらいたのでした。

『フレーベル』って何をした人？

（1782～1852）幼児教育の発展につくした教育家

ドイツのオーベルヴァイスバッハに、敬《けい》けんな牧師《ぼくし》の子《こ》として生《う》まれました。ペスタロッチの影響《えいきょう》をうけ、教育《きょういく》にたずさわりたいと思《おも》いました。小学校《しょうがっこう》の先生《せんせい》になりましたが、自分《じぶん》の教《きょう》育《いく》がしたいと、ふたたび大学《だいがく》でまなんだあと、カイルハウの山村《さんそん》に行《い》って、学校《がっこう》をひらきました。「とくに幼児期《ようじき》の愛《あい》の教育《きょういく》がだいじである」と考《かんが》えるようになりました。子《こ》どものための遊《あそ》び道具《どうぐ》も考《かんが》えだしました。一八四〇年《ねん》にはバート・ブランケンブルクに世界《せかい》ではじめての幼稚園《ようちえん》をひらきました。その二年後《ねんご》には、幼稚《ようち》園《えん》の先生《せんせい》の養成所《ようせいじょ》もつくり、ドイツ全土《ぜんど》にひろめ、幼児期《ようじき》の教育《きょういく》のたいせつさを訴《うった》えていきました。ところが、進歩的《しんぽてき》な教育《きょういく》が危険思想《きけんしそう》と誤《ご》解《かい》されて、政府《せいふ》や教会《きょうかい》などから迫害《はくがい》をうけ、閉《へい》鎖《さ》されてしまいました。フレーベルの書《か》いた本《ほん》『人間教育《にんげんきょういく》』は、今《いま》でもたくさんの人《ひと》に読《よ》まれています。

お母さんやお父さんへ

読み聞かせのための予備知識

西暦	年齢	（※年齢は満年齢で計算）
一七八二	0	ドイツのチューリンゲン地方に生まれる。六人兄弟の末子。
一七八三	1	母が亡くなる。
一七八五	3	父が再婚する。
一七九二	10	母方の伯父ホフマンに引き取られる。
一八〇一	19	イエナ大学に入学する。
一八〇二	20	父が亡くなる。測量技師になる。
一八〇五	23	伯父ホフマンが亡くなる。模範学校で教師になる。スイスのペスタロッチを訪ねる。
一八〇六	24	ホルツハウゼン家の家庭教師になる。
一八〇八	26	ペスタロッチを訪ね、教育法を研究する（～一八一〇）。
一八一一	29	ゲッティンゲン大学に入学する。
一八一二	30	ベルリン大学で鉱物学を学ぶ。

フランクフルト・アム・マイン
23歳《さい》のとき模範学校《もはんがっこう》の教師《きょうし》になる。
24歳《さい》のときホルツハウゼン家《け》の家庭《かてい》教師《きょうし》になる。

ベルリン
30歳《さい》のときベルリン大学《だいがく》に入学《にゅうがく》。ここで学《まな》んだ鉱物学《こうぶつがく》の知識《ちしき》を子《こ》どものための教材《きょうざい》（教育遊具《きょういくゆうぐ》）開発《かいはつ》に活《い》かす。

チューリンゲン地方《ちほう》
1782年《ねん》にオーベルヴァイスバッハで生《う》まれる。10歳《さい》から14歳《さい》までシュタットイルムの伯父《おじ》に育《そだ》てられる。17歳《さい》のときイエナ大学《だいがく》に入学《にゅうがく》するが学費《がくひ》が足《た》りず2年《ねん》で退学《たいがく》。
34歳《さい》のときグリースハイムに「一般《いっぱん》ドイツ学園《がくえん》」をひらき、2年後《ねんご》にカイルハウへ移《うつ》す。58歳《さい》のときバート・ブランケンブルクに世界《せかい》で初《はじ》めての幼稚園《ようちえん》をひらく。「幼稚園《ようちえん》（キンダーガルテン）」はフレーベルがつくった言葉《ことば》。
70歳《さい》のときマリーエンタールで亡《な》くなる。

スイス
23歳《さい》のころペスタロッチを訪《たず》ね2週間《しゅうかん》教育法《きょういくほう》を学《まな》ぶ。26歳《さい》のときホルツハウゼン家《け》の生徒《せいと》とともに再《ふたた》びペスタロッチを訪《たず》ね、研究《けんきゅう》のため2年間滞在《ねんかんたいざい》する。49歳《さい》から55歳《さい》までスイスで教育《きょういく》の仕事《しごと》をする。

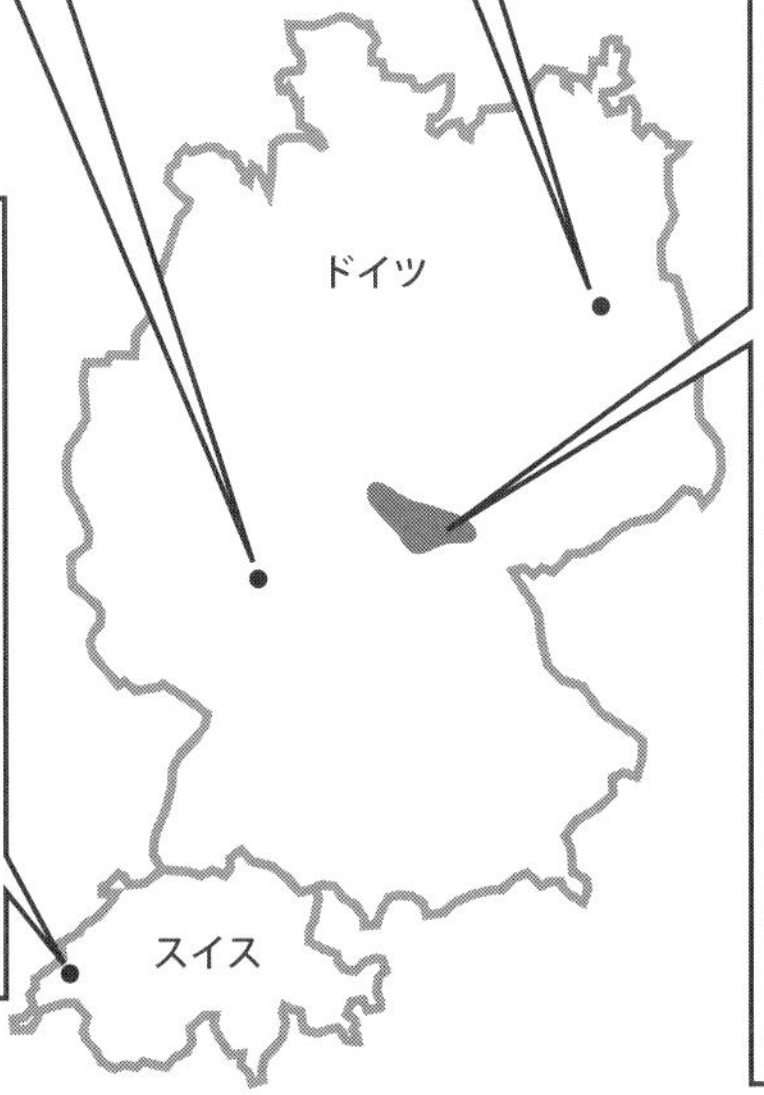

一八一三	31	〔ナポレオンのドイツ侵攻〕大学を休学して義勇軍に参加する。
一八一六	34	「一般ドイツ学園」をひらく。
一八一七	35	学園をカイルハウに移転する。
一八三一	49	スイスのヴァルテンゼーで学園をひらく。
一八三五	53	ブルクドルフに移り住む。
一八三七	55	ドイツに戻り幼児教育の施設をつくる。幼児の教育遊具を製作する。
一八四〇	58	幼児教育の施設を「一般ドイツ幼稚園（キンダーガルテン）」と名づける（世界初の幼稚園）。
一八四九	67	バート・リーベンシュタインに幼稚園教員養成所をひらく。
一八五〇	68	〔ドイツ各地にフレーベル式の幼稚園がつくられる〕
一八五一	69	〔政府が幼稚園禁止令を出す〕
一八五二	70	マリーエンタールで亡くなる。

あとがき　仮定的想像力《かていてきそうぞうりょく》をふくらませて物語風《ものがたりふう》に

「さまざまな功績《こうせき》や業績《ぎょうせき》などを残《のこ》して、偉人《いじん》とよばれてきた人物《じんぶつ》たちは、子《こ》どものころ、どんな生活《せいかつ》をしていたのだろうか。幼《よう》・少年期《しょうねんき》だけにスポットを当《あ》てて、子《こ》どもでも理解《りかい》できるように、まとめてみてはどうでしょうか？」

日本書道美術館館長《にほんしょどうびじゅつかんかんちょう》の小山天舟先生《おやまてんしゅうせんせい》（日本教育書道連盟理事長《にほんきょういくしょどうれんめいりじちょう》・書家《しょか》）から、相談《そうだん》を受《う》けたのは四半世紀前《しはんせいきまえ》の一九八五（昭和《しょうわ》六〇）年《ねん》のことでした。

日本書道美術館《にほんしょどうびじゅつかん》には、今上天皇皇后両陛下《きんじょうてんのうこうごうりょうへいか》、皇太子同妃両殿下《こうたいしどうきさきりょうでんか》の行幸啓《ぎょうこうけい》をはじめ、皇族方《こうぞくがた》ご一家《いっか》もたびたびお成《な》りになっておられます。さらには、同館《どうかん》で毎月発行《まいつきはっこう》している月刊誌《げっかんし》『教育書道《きょういくしょどう》』も、お読《よ》みになっておられるそうです。

『教育書道《きょういくしょどう》』は隔月《かくげつ》が少年少女向《しょうねんしょうじょむ》きに編集《へんしゅう》されており、そこに「偉人《いじん》の少年少女時代《しょうねんしょうじょじだい》」を連載《れんさい》してほしいと依頼《いらい》されたのです。そこで、小学生《しょうがくせい》でも読《よ》めるように平易《へいい》な文章《ぶんしょう》で、一年《ねん》に二名《めい》（隔月《かくげつ》三回連載《かいれんさい》で一名《いちめい》）ずつの偉人《いじん》を取《と》り上《あ》げてまいりました。偉人《いじん》の業績《ぎょうせき》を称《たた》えた資料《しりょう》は豊富《ほうふ》にあるのですが、少年《しょうねん》少女時代《しょうじょじだい》となると、詳細《しょうさい》な事実《じじつ》を見《み》つけ出《だ》すことが困難《こんなん》でした。あらゆる角度《かくど》から文献《ぶんけん》、資料《しりょう》、先駆者《せんくしゃ》の作品《さくひん》などを調査《ちょうさ》し、そこから二～三のエピソードを発見《はっけん》すると、時代《じだい》を考証《こうしょう》しながら「仮定的想像力《かていてきそうぞうりょく》」をふくらませて物語風《ものがたりふう》にまとめあげていきました。

偉人《いじん》をアト・ランダムに取《と》り上《あ》げながら、一九八六（昭和《しょうわ》六一）年《ねん》からはじまった連載《れんさい》は、二五年《ねん》の歳月《さいげつ》を経《へ》て、ついに五〇人《にん》を越《こ》えました。その間《かん》「親子関係《おやこかんけい》のあり方《かた》が参考《さんこう》になった」「偉人《いじん》も昔《むかし》は普通《ふつう》のやんちゃな子《こ》だった」「子《こ》どものしつけに自信《じしん》がついた」など、たくさんの感想《かんそう》をいただきました。

今日《こんにち》、日本《にほん》の未来《みらい》が不透明《ふとうめい》の折《おり》、「功績《こうせき》を残《のこ》した人物《じんぶつ》のあゆみ」が改《あらた》めて注目《ちゅうもく》され、見直《みなお》されはじめ、小《しょう》・中学校《ちゅうがっこう》の朝読書《あさどくしょ》や幼稚園《ようちえん》・図書館《としょかん》・児童館《じどうかん》などでの「読《よ》み聞《き》かせ」などでも、『伝記《でんき》』が、多《おお》く取《と》り上《あ》げられるようになってきました。その根底《こんてい》には、子《こ》どもたちの内面《ないめん》に「何々《なになに》になりたい」という希望《きぼう》に満《み》ちた夢《ゆめ》が、波打《なみう》っているからだと思《おも》います。

二〇一〇（平成《へいせい》二二）年秋《ねんあき》、ゆまに書房《しょぼう》の荒井秀夫社長《あらいひでおしゃちょう》から、「偉人《いじん》の少年少女時代《しょうねんしょうじょじだい》だけに焦点《しょうてん》を当《あ》てた伝記《でんき》はめずらしい。ここに資料《しりょう》・解説《かいせつ》を添《そ》えてまとめてみませんか」と、出版《しゅっぱん》のお話《はなし》をいただきました。そこで、三六人《にん》を選《えら》び出《だ》し、ジャンル別《べつ》に分《わ》けてまとめることにいたしました。

◆第《だい》1巻《かん》＝政治《せいじ》・教育《きょういく》にもえた偉人《いじん》
◆第《だい》2巻《かん》＝発見《はっけん》・冒険《ぼうけん》にチャレンジした偉人《いじん》
◆第《だい》3巻《かん》＝芸術《げいじゅつ》・愛《あい》に命《いのち》をそそいだ偉人《いじん》

作品《さくひん》には加筆《かひつ》、修正《しゅうせい》を加《くわ》え、さらに「調《しら》べ学習《がくしゅう》」にも役立《やくだ》つように資料《しりょう》も添《そ》えました。本書《ほんしょ》をまとめるにあたっては、日本書道美術館常務理事《にほんしょどうびじゅつかんじょうむりじ》の大城久代《おおしろひさよ》さん、ゆまに書房《しょぼう》の編集部《へんしゅうぶ》の皆《みな》さんに、ひとかたならぬお世話《せわ》になりました。紙上《しじょう》をお借《か》りして厚《あつ》く御礼申《おんれいもう》しあげます。ありがとうございました。

平成《へいせい》二三年《ねん》三月《がつ》

漆《うるし》原《ばら》　智《とも》良《よし》

漆原智良（うるしばらともよし）

1934年東京に生まれる。児童文学作家・教育評論家。

『近くて遠い島』でＮＨＫ放送記念祭賞受賞。

東京都公立小・中学校に28年間勤務後依願退職し、立教大学、実践女子短期大学、秋草学園短期大学講師として「児童文学論」「幼児教育論」などを講じる。

現在（社）日本児童文芸家協会顧問。第45回児童文化功労賞受賞。

主な著書に『名作ってこんなに面白い』（ＤＶＤ付・ゆまに書房）。『童話読んだり書いたり楽しもう』（ＫＴＣ中央出版）。『小さな文学の旅』（金の星社）。『東京の赤い雪』（フレーベル館）。『学校は小鳥のレストラン』（アリス館）など、100冊を超える。

偉人たちの少年少女時代❶
政治・教育にもえた偉人

2011年3月25日　第1版第1刷発行

著　者　漆原智良《うるしばらともよし》

発行者　荒井秀夫
発行所　株式会社　ゆまに書房
〒101-0047　東京都千代田区内神田2-7-6
電　話　03-5296-0491（代表）
振　替　00140-6-63160
印刷・製本　新灯印刷株式会社

落丁・乱丁本はお取り替え致します
定価はカバー・帯に表示してあります

ISBN978-4-8433-3570-3 C8323
Printed in Japan

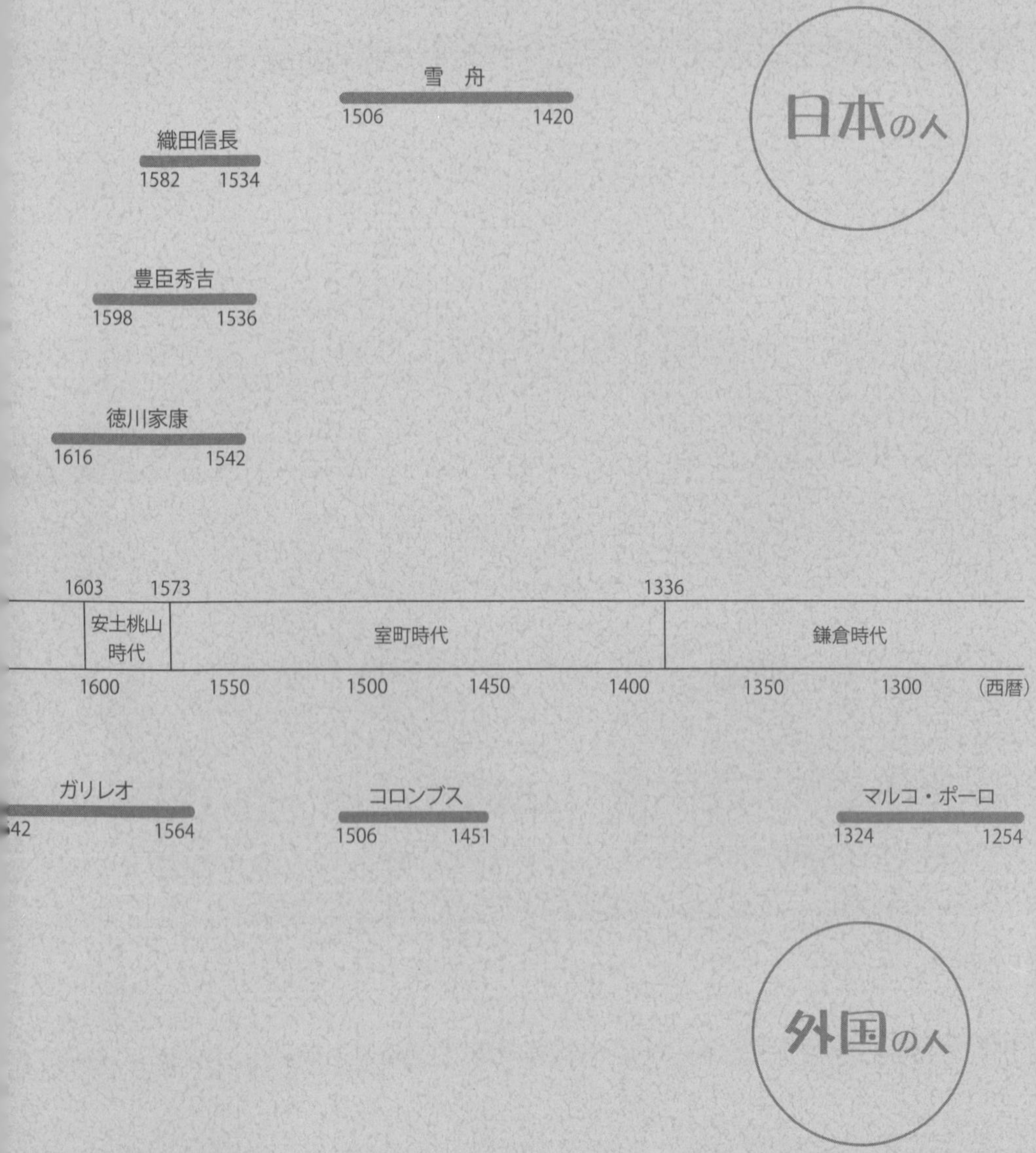
日本の人
雪舟 1506 1420
織田信長 1582 1534
豊臣秀吉 1598 1536
徳川家康 1616 1542
1603 1573 1336
安土桃山時代
室町時代
鎌倉時代
1600 1550 1500 1450 1400 1350 1300 （西暦）
ガリレオ 642 1564
コロンブス 1506 1451
マルコ・ポーロ 1324 1254
外国の人

偉人たちっていつ頃の人?